CB127505

A COMUNICAÇÃO DO OPRIMIDO

E OUTROS ENSAIOS

Eduardo Granja Coutinho

A COMUNICAÇÃO DO OPRIMIDO

E OUTROS ENSAIOS

mórula
EDITORIAL

Copyright © Eduardo Granja Coutinho.

Todos os direitos desta edição reservados
à MV Serviços e Editora Ltda.

REVISÃO
Rogério Amorim
Suzana Corrêa

CIP-BRASIL. CATALOGAÇÃO NA PUBLICAÇÃO
SINDICATO NACIONAL DOS EDITORES DE LIVROS, RJ

C895c Coutinho, Eduardo Granja, 1967-
A comunicação do oprimido e outros ensaios / Eduardo Granja Coutinho. – 1. ed. – Rio de Janeiro : Mórula, 2014.
180 p. ; 21 cm.

Inclui bibliografia
ISBN 978-85-65679-25-1

1. Ciência política. 2. Filosofia. 3. Marxismo. I. Título.

14-13822 CDD: 320
CDU: 32

R. Teotonio Regadas 26, 904 – Lapa – Rio de Janeiro
www.morula.com.br | contato@morula.com.br

À memória de Carlos Nelson Coutinho.

Sei que há um trabalho fundamental a ser feito em relação à hegemonia cultural. Acredito que o sistema de significados e valores que a sociedade capitalista gera tem de ser derrotado no geral e no detalhe por meio de um trabalho intelectual e educacional.

[Raymond Williams]

Porque os jornais noticiam tudo, tudo menos uma coisa tão banal de que ninguém se lembra: a vida...

[Rubem Braga]

SUMÁRIO

Tendo como referência a problemática gramsciana das relações entre comunicação, hegemonia e contra-hegemonia, os ensaios que compõem esta coletânea são atravessados por uma questão teórica que possui, a meu ver, enorme relevância político-prática: "O que se pode contrapor, por parte de uma classe inovadora a esse complexo formidável de trincheiras e fortificações [que garantem a hegemonia político-cultural] da classe dominante?" É o próprio Gramsci quem responde: "O *espírito de cisão*, a conquista progressiva da consciência da própria personalidade histórica" (1999, v. 2, p. 79). É preciso que as grandes massas se destaquem das ideologias tradicionais, deixem de acreditar no que antes acreditavam, superem o sistema de significados e valores gerados pela sociedade capitalista, organizem uma nova cultura. Daí a importância de se analisar dialeticamente a hegemonia burguesa – a poderosa resistência daquelas trincheiras ideológicas que asseguram a dominação do capital – sem perder de vista os processos culturais e comunicacionais de contestação e resistência: as formas de comunicação dos grupos sociais oprimidos.

A despeito de sua diversidade temática, os artigos aqui reunidos possuem, assim, uma clara unidade teórico-metodológica. Em todos eles está presente a questão da cultura / comunicação como uma instância da luta política ou, para utilizarmos a conhecida expressão de Bakhtin, um "terreno da luta de classes".

Destes onze ensaios, escritos entre 2008 e 2014, três são originais e os demais estão sendo publicados aqui com ligeiras modificações[1]. O artigo introdutório, no qual procuro abordar a importância de Antonio Gramsci para o campo da comunicação, fornece o enquadramento conceitual para os demais textos, que foram reunidos segundo quatro eixos temáticos principais: 1) a comunicação popular – música, linguagem oral, mídia comunitária etc. – em sua relação com a cultura hegemônica; 2) a questão cultural na obra de dois pensadores brasileiros, os baianos Muniz Sodré e Carlos Nelson Coutinho; 3) a questão lukacsiana da reificação da cultura, relacionada à problemática da hegemonia; 4) processos hegemônicos e contra-hegemônicos na imprensa brasileira e latino-americana.

---

1 Ver nota bibliográfica.

Parafraseando Gramsci, diríamos que, no fundo, para quem observar bem, entre esses quatro temas existe homogeneidade: "o espírito popular criador, em suas diversas fases e graus de desenvolvimento, está na base deles em igual medida" (Gramsci, 2005, p. 128). A música popular, a expressão oral, as conversas de botequim, os gritos dos manifestantes nas praças públicas, a imprensa partidária e sindical, a mídia pública, a crônica, a alta literatura, os ensaios de teoria crítica, todas essas formas de comunicação são aqui analisadas como falas históricas alternativas que expressam diferentes momentos desse "espírito popular criador". E eis que, para Gramsci, o espírito criador não é outro senão o "espírito de cisão". A contra-hegemonia aparece, assim, como um processo cultural que envolve cisão (negação), mas também criação, renovação das formas culturais do passado; processo no qual a comunicação popular rompe com o sistema simbólico dominante, ao mesmo tempo em que recria e reelabora os signos da tradição em um sentido contrário ao das classes dirigentes.

Por fim, gostaria de ressaltar que, ao dedicar essa coletânea à memória de Carlos Nelson Coutinho, não estou apenas prestando uma homenagem ao meu mestre e amigo, mas reconhecendo que todos esses ensaios, inspirados fundamentalmente em Antonio Gramsci, mas também em György Lukács, são um diálogo tácito com Carlos Nelson, pensador que, na contracorrente do pós-modernismo, do produtivismo acadêmico, da miséria da razão, contribuiu decisivamente para manter viva a chama do pensamento dialético entre nós.

EDUARDO GRANJA COUTINHO

Rio de Janeiro, maio de 2014.

GRAMSCI:
A COMUNICAÇÃO COMO POLÍTICA

Tudo é política.

[A. Gramsci]

O problema da comunicação nos Cadernos do cárcere

Não são poucas as contribuições do pensador italiano Antonio Gramsci (1891-1937) para as ciências sociais[2], particularmente para o campo da comunicação. Refletir sobre essas contribuições envolve a consideração prévia de que Gramsci, como um teórico marxista, assumindo explicitamente o ponto de vista da totalidade e da historicidade, mantém uma relação de crítica e diálogo com as ciências sociais particulares. De um lado, rejeita o caráter fragmentário e parcial desses saberes especializados que, ao compartimentalizarem o conhecimento, conduzem a uma análise abstrata e formalista dos fatos sociais, evitando a compreensão da sociedade capitalista como um todo complexo atravessado por profundas e ineliminàveis contradições. Mas isso não o impede, por outro lado, de estabelecer um diálogo fecundo com as diversas áreas do pensamento social – teoria política, sociologia, filosofia, antropologia, pedagogia, crítica literária etc. –, reelaborando criticamente seus objetos e, ao mesmo tempo, fornecendo-lhes valiosas indicações tanto temáticas quanto metodológicas para suas pesquisas específicas (Coutinho, 1994, p. 113).

A comunicação social – disciplina que ainda estava longe de se tornar autônoma à época de Gramsci – também tem se beneficiado das instigantes reflexões contidas nos *Cadernos do cárcere*. Gramsci se dedicou a temas que hoje seriam classificados, "departamentalmente", como específicos deste

2 Para uma análise das relações entre Gramsci e as ciências sociais, cf. COUTINHO, Carlos Nelson. "Gramsci, o marxismo e as ciências sociais". In: ______. *Marxismo e política: a dualidade de poderes e outros ensaios*. São Paulo: Cortez, 1994, pp. 112-120.

campo. Além de notas sobre o jornalismo, o romance de folhetim, a questão da linguagem e das línguas etc., há nos *Cadernos* elementos para os diversos ramos que constituem o campo: estudos de recepção, estética da comunicação, análise de discursos, cultura da mídia etc.[3].

Não raro, porém, as categorias de Gramsci, quando incorporadas pela comunicação, assim como pelas demais disciplinas acadêmicas, são esvaziadas de seu "conteúdo e potencialidade originais, em função do expresso desprezo e/ou da explícita ignorância, por parte daquelas ciências e disciplinas, das bases elementares da crítica da economia política que estão na raiz da formulação gramsciana" (Netto, 2008, p. 119). Assim, entre os teóricos da comunicação que de alguma forma lançam mão do pensamento de Gramsci, existem aqueles que, desconsiderando o caráter revolucionário de sua teoria, reduzem-na a uma impotente crítica da cultura, mais adequada à "sensibilidade" pós-moderna.

Esse me parece ser o caso – para citar um dos ícones da área, e sem negar a importância de sua obra – de Néstor García Canclini, sobretudo em produções mais recentes como *Consumidores e cidadãos* (1995). Em suas reflexões sobre as relações entre comunicação e cultura, comparece a categoria gramsciana de sociedade civil, compreendida como um lugar de embate cultural – um espaço de construção de identidades e subjetividades. No entanto, na medida em que o autor desconsidera as relações materiais de produção e, portanto, não reconhece a identidade de classe (a ideologia orgânica dos grupos que exercem uma função básica num modo de produção), a sociedade civil, consequentemente, já não lhe aparece como uma das instâncias da luta de classes. Sua análise de viés culturalista tende a obscurecer o caráter contraditório das forças sociais que formam a sociedade civil.

---

[3] Em carta a Tatiana Schucht, de 19 de março de 1927, Gramsci esboça o seu projeto de trabalho no cárcere: "(...) pensei em quatro temas até agora (...). São eles: 1) Uma pesquisa sobre a formação do espírito público na Itália no século passado; em outras palavras, uma pesquisa sobre os intelectuais italianos (...). 2) Um estudo de linguística comparada (...). 3) Um estudo sobre o teatro de Pirandello (...). 4) Um ensaio sobre os romances de folhetim (...). No fundo, para quem observar bem, entre esses quatro temas existe homogeneidade: o espírito popular criador, em suas diversas fases e graus de desenvolvimento, está na base deles em igual medida" (1999, v. 1, pp. 77-78). Todos esses temas, que serão desdobrados nos *Cadernos* numa série de outros temas correlatos, dizem respeito ao campo da comunicação e da cultura: aos meios, à linguagem, aos textos e ao seu contexto histórico.

É evidente que seu projeto, ao contrário do de Gramsci, não envolve uma transformação estrutural da sociedade: limita-se a "reconstruir, a partir da sociedade civil e do Estado, um multiculturalismo democrático" (Canclini, 1995, pp. 264-265). É sintomático que ele proponha uma "redefinição da sociedade civil" como "comunidade de consumidores", um "conjunto de pessoas que compartilham gosto e pactos de leitura em relação a certos bens (gastronômicos, desportivos, musicais), os quais lhes fornecem identidades comuns" (ibid., p. 261).

Nossa hipótese, no entanto, sugere que a "potencialidade original" das reflexões de Gramsci sobre a comunicação consiste, justamente, em relacioná-la com a totalidade da vida social, compreendendo-a como *cultura*, práxis interativa, mediação entre sujeito e objeto. E, como tal, estará associada, no pensamento gramsciano, à problemática do Estado, das relações de poder, da hegemonia, isto é, da liderança intelectual e moral de um grupo social sobre o conjunto da sociedade. Em última análise, todo processo de hegemonia é, necessariamente, um processo comunicacional. Afinal, é pela interação semiótica, pela reelaboração e compartilhamento dos signos, que os sujeitos constroem suas identidades, organizam a sua visão de mundo, representando a realidade a partir de uma determinada perspectiva e de acordo com seus interesses, anseios e expectativas. Pela comunicação, formam-se e transformam-se as ideologias que agem ética e politicamente na transformação da história.

Gramsci se refere a essa identidade entre comunicação e política quando sustenta que

> todo ato histórico não pode deixar de ser realizado pelo homem coletivo, isto é, pressupõe a conquista de uma unidade 'cultural-social' pela qual uma multiplicidade de vontades desagregadas, com fins heterogêneos, solda-se conjuntamente na busca de um mesmo fim, com base numa idêntica e comum concepção do mundo. [...] Já que assim ocorre, revela-se a importância da questão linguística geral, isto é, da conquista coletiva de um mesmo 'clima' cultural (1999, v.1, p. 399).

É no terreno das ideologias – acionadas/mobilizadas pela comunicação – que se dá a constituição das subjetividades coletivas. É aí, diria Gramsci, que "os homens se movimentam, adquirem consciência de sua posição, lutam etc."

(1999, v. 1, p. 237). A luta pela hegemonia, isto é, pela criação e difusão de uma determinada concepção de mundo, tendo como objetivo a conservação ou transformação da estrutura socioeconômica, pressupõe a "construção de um universo *intersubjetivo* de crenças e valores" (Coutinho, 1992, pp. 67-68). Implica, portanto, a persuasão e o diálogo, a mediação da linguagem, o "tornar comum" da práxis interativa comunicacional.

Assim entendida, a questão da comunicação atravessa o conjunto dos *Cadernos do cárcere*. E é nessa perspectiva que se pode pensar a conexão entre mídia e poder, notadamente o papel dos meios de informação na luta pela cultura.

A mídia como "trincheira" do Estado

O problema das relações entre mídia e poder no pensamento gramsciano está relacionado à questão fundamental que Gramsci leva para a prisão – e que de alguma forma constitui o cerne de suas investigações no cárcere: *o que torna a civilização burguesa tão resistente?* Ou, dito de outra maneira: por que a revolução mundial não aconteceu após a Primeira Guerra, quando parecia iminente o triunfo dos trabalhadores? Ou ainda: por que, ao contrário do que Marx previra, a revolução socialista não ocorreu nas sociedades capitalistas industrializadas, onde haveria condições materiais para isso, acontecendo primeiro na Rússia, uma sociedade agrária, subdesenvolvida? Para responder a esta questão, ele desenvolve o que se chamou de *teoria ampliada do Estado*, sua grande contribuição ao pensamento político (Cf. Coutinho, 1992, pp. 73-81).

Gramsci parte do reconhecimento de que toda questão política baseia-se em um fato elementar: *a existência de governantes e governados, dirigentes e dirigidos*. Esse é o "fato primordial" da política, diz ele (1999, v. 3, p. 325). Historicamente, o poder exercido pelos governantes conjugou força e persuasão, *coerção* e *consenso*. No início da Idade Moderna, Nicolau Maquiavel afirmara que o príncipe que quisesse garantir a estabilidade do Estado deveria considerar que

> a natureza dos povos é lábil: é fácil persuadi-los de uma coisa, mas é difícil que mantenham sua opinião. Por isso, convém ordenar tudo de modo que, quando lhes falte a crença, se lhes possa fazer crer pela força (1992, p. 23).

Em contexto bastante diverso, Marx e Engels definiram essa "crença" como *ideologia* – as ideias particulares da classe dominante de uma época apresentadas misticamente como ideias absolutas, universais – e essa "força" como os mecanismos de coerção e dominação direta – a burocracia, os aparelhos policiais-militares, o aparato jurídico etc. – que constituem o poder do Estado, por meio do qual a classe economicamente dominante se torna politicamente dominante.

É precisamente essa concepção marxista clássica do Estado como o "comitê executivo da burguesia" que Gramsci desenvolve e amplia. Ele percebeu que com as revoluções liberais e o desenvolvimento das relações políticas, surge uma nova esfera de poder que transborda os limites do "Estado em sentido estrito": a sociedade civil, responsável pelo *conteúdo ético do Estado*. Nessa esfera, ocorrem as relações de direção político-ideológica que completam a dominação estatal, coercitiva (Coutinho, 1992). É na sociedade civil, compreendida como o conjunto dos aparelhos privados de hegemonia – mídia, escola, Igreja, partidos, sindicatos, instituições culturais (museus, nomes de rua etc.) –, que se legitima (ou se contesta) a dominação. É nessa esfera – o *medium* próprio da cultura – que atuam os intelectuais na construção e difusão da visão de mundo dos grupos que representam. É lá que as classes hegemônicas criam, junto à massa da população, o nível cultural e moral "que corresponde às necessidades de desenvolvimento das forças produtivas" (Gramsci, 1999, v. 3, p. 284). E é lá também que as camadas subalternas elaboram "o seu modo de conceber o mundo e a vida em contraste com a sociedade oficial" (Gramsci, 2002, v. 6, p. 181).

Nas sociedades protocapitalistas, onde, segundo Gramsci, "a sociedade civil era primitiva e gelatinosa", a revolução poderia se dar pela tomada do aparelho de Estado, pois não existia uma outra esfera de poder para além do Estado em sentido estrito capaz de lhe dar sustentação em momentos de crise, assegurando o consenso do dominado. Porém, nas sociedades mais avançadas,

> havia entre o Estado e a sociedade civil uma justa relação e, ao oscilar o Estado, podia-se imediatamente reconhecer uma robusta estrutura da sociedade civil. O Estado era apenas uma trincheira avançada, por trás da qual se situava uma robusta cadeia de fortalezas e casamatas (1999, v. 3, p. 262).

Isso significa que, na nossa época, a tomada do poder, a criação de um novo Estado, envolve uma luta na sociedade civil pela conquista daquelas trincheiras capazes de absorver e amortecer as "irrupções catastróficas" de caráter econômico (crises e depressões) e político (contestações, pressões, revoltas).

Hoje, ocupando um lugar de destaque na sociedade civil, *a mídia é, seguramente, a mais importante daquelas fortificações que protegem o aparelho de Estado do impacto das crises político-econômicas*. A despeito da enorme insatisfação existente na sociedade global, das periódicas crises financeiras que afetam a população do planeta, aumentando o fosso entre os ricos e os miseráveis, é ela que garante as relações de produção e propriedade, criando e recriando o consenso necessário à supremacia do capital.

Os jornais: partidos da velha e da "nova ordem"

Tendo em vista a necessidade de organização de uma nova cultura – uma contra-hegemonia –, Gramsci dedicou-se ao estudo da maneira como os governantes exercem sua hegemonia político-cultural. Ele percebeu que era necessário

> um estudo de como se organiza de fato a estrutura ideológica de uma classe dominante, isto é, a organização material voltada para manter, defender e desenvolver a 'frente' teórica ou ideológica. [...] Tudo o que influi ou pode influir sobre a opinião pública, direta ou indiretamente, faz parte dessa estrutura [...]: as bibliotecas, as escolas, os círculos e os clubes de variados tipos, até a arquitetura, a disposição e o nome das ruas (1999, v. 2, p. 78).

É nessa perspectiva que ele se debruça sobre os diferentes aparelhos de hegemonia presentes na sociedade civil italiana dos anos 1920, dedicando-lhes alguns de seus "cadernos especiais", além de uma grande quantidade de notas esparsas: a imprensa (Caderno 24, "Jornalismo"); a Igreja (Caderno 20, "Ação católica"); o partido político (Caderno 13, "Breves notas sobre a política de Maquiavel"); o sistema escolar (Caderno 12, "Apontamentos e notas dispersas para um grupo de ensaios sobre a história dos intelectuais"); o sindicato, o teatro etc.

É de se notar que, ao longo dos *Cadernos*, Gramsci pouco se refere ao que hoje chamamos de meios de comunicação de massa: escreve algumas linhas sobre o rádio, outras sobre o cinema e, evidentemente, nenhuma sobre a televisão, que ainda estava em fase experimental (em 1926, ano em que ele foi preso, o escocês John Baird fazia ainda uma primeira demonstração de seu invento televisivo).

No entanto, apesar de estar vivendo ainda os primórdios da comunicação eletrônica, Gramsci oferece contribuições significativas à crítica daquilo que, dez anos após a sua morte, Adorno e Horkheimer designariam "indústria cultural".

O comunista sardo não deixa de sinalizar o movimento pelo qual os nascentes *mass media*, notadamente a indústria radiofônica, associada à "imprensa marrom", torna-se o mais eficaz dos aparelhos de hegemonia, desequilibrando a correlação de forças na sociedade civil em favor dos grupos dominantes.

> Entre os elementos que recentemente perturbaram a direção normal da opinião pública por parte dos partidos organizados em torno de programas definidos, devem ser postos na linha de frente a imprensa marrom e o rádio (onde estiver muito difundido). Eles possibilitam suscitar extemporaneamente explosões de pânico ou de entusiasmo fictício, que permitem alcançar objetivos determinados, nas eleições, por exemplo (1999, v. 3, p. 270).

Gramsci percebe a influência decisiva que as novas tecnologias de informação começavam a provocar na esfera política. Foi precisamente o nazifascismo que tomou a dianteira no uso das novas "técnicas sociais", iniciando, como observou Otávio Ianni em seu sugestivo ensaio *O príncipe eletrônico*, "um deslocamento radical do lugar da política e do modo de construir hegemonias e soberanias em todo o mundo" (2003, p. 157).

Assim como o príncipe maquiavélico e o "moderno príncipe" gramsciano (o partido político), o "príncipe eletrônico", particularmente a televisão, "pode ser visto como o *intelectual orgânico* dos grupos, classes ou blocos de poder dominantes" (2003, p. 165). É ele, hoje, o principal responsável pela organização da ideologia necessária à hegemonia burguesa e ao desenvolvimento das relações capitalistas. Esse novo *intelectual coletivo* ocupa progressivamente os espaços dos demais aparelhos de hegemonia (partidos, sindicatos, movimentos sociais), exacerbando aquela tendência indicada por Gramsci.

Na mídia sensacionalista de seu tempo, Gramsci identificou aquela que seria uma das características fundamentais da moderna relação informativa: a *espetacularização ou estetização da política* pelos meios ou, em seus próprios termos, a redução das "questões gerais e de princípios (...) a passatempos literários e artísticos" (2001, v. 4, p. 112). É esse o papel do príncipe eletrônico: assimilar e esvaziar tais questões de seu conteúdo histórico, atribuindo-lhes novas significações com função apaziguadora; reduzir a política a "pura forma", impedindo que o espectador se reconheça como sujeito da história.

> O interesse do público é desviado: de parte em causa, o público se torna mero 'espectador' de uma luta de gladiadores, que aguarda os 'belos golpes' em si e por si: a política, a literatura, a ciência são degradadas a competição 'esportiva'. Por isso, é preciso [...] levar o público a perceber que *de te fabula narratur* [a história é sobre você] (2001, v. 4, p. 112).

Observa-se que "o que se chama de 'opinião pública' está estreitamente ligado à hegemonia política" (Gramsci, 1999, v. 3, p. 265). No regime burguês, onde a opinião pública é o fundamento da legitimidade da dominação política, a hegemonia envolve mobilização e indução de correntes de opinião por meio de instrumentos de informação, propaganda e entretenimento. Como dirá Jürgen Habermas, anos mais tarde,

> um público de cidadãos, desintegrado enquanto público, é de tal maneira midiatizado por meios publicitários que, por um lado, pode ser chamado a legitimar acordos políticos sem que, por outro lado, ele seja capaz de participar de decisões efetivas (2003, p. 258).

A opinião pública é, assim, para Gramsci, "o ponto de contato (...) entre o consenso e a força" (1999, v. 3, p. 265). Expresso pelos chamados órgãos formadores de opinião, o consenso da maioria justifica, legitima e dá sustentação à ação coercitiva do Estado (1999, v. 3, p. 95), o qual, "quando quer iniciar uma ação pouco popular, cria preventivamente a opinião pública adequada, ou seja, organiza e centraliza certos elementos da sociedade civil (1999, v. 3, p. 265).

Por isto, diz ele,

existe luta pelo monopólio dos órgãos da opinião pública – jornais, partidos, Parlamento –, de modo que uma só força modele a opinião e, portanto, a vontade política nacional, desagregando os que discordam numa nuvem de poeira individual e inorgânica (1999, v. 3, p. 265).

* * *

À época de Gramsci, ainda que não tivessem o mesmo peso que têm hoje na sociedade civil, os meios de informação já eram "a parte mais considerável e mais dinâmica" da estrutura ideológica dominante, isto é, das organizações materiais voltadas para a construção da hegemonia. Naquele contexto, entendia-se por meios de informação, fundamentalmente, a imprensa, o setor editorial em geral: "editoras (...), jornais políticos, revistas de todo tipo, científicas, literárias, filológicas, de divulgação etc., periódicos diversos até os boletins paroquiais" (1999, v. 2, p. 78).

Como meio privilegiado de que a burguesia dispõe para expressar sua vontade, defender seus interesses econômicos e preservar seu poder político, os jornais desempenham, segundo Gramsci, a função de "'partidos', 'frações de partidos' ou 'funções de determinados partidos'" (1999, v. 3, p. 350). Veja-se, diz ele,

> a função do *Times* na Inglaterra, a que teve o *Corriere della Sera* na Itália e também a função da chamada 'imprensa de informação', supostamente 'apolítica', e até a função da imprensa esportiva e da imprensa técnica (1999, v. 3, p. 350).

Veja-se ainda, poderíamos acrescentar, sem recorrer ao óbvio exemplo da Rede Globo, a função de direção político-cultural de um jornal como a *Folha de São Paulo* no Brasil. Não se trata de um mero porta-voz dos interesses da burguesia paulista. Trata-se de um *intelectual coletivo* que se ocupa da *formulação e da elaboração sistemática* da ideologia necessária à dominação do grande capital financeiro. Mais até do que os próprios partidos políticos, a *Folha*, o *Estado de São Paulo*, *O Globo*, a *Veja*, enfim, a mídia como partido, modelou a opinião pública, criou o "clima" cultural indispensável às reformas liberais e às privatizações do governo Fernando Henrique. Com sua enorme capacidade de canalizar as "paixões elementares" das massas, o *partido da mídia* organiza e adequa com extrema eficácia a visão de mundo da sociedade às necessidades de desenvolvimento das forças produtivas e aos interesses dos grupos de poder.

Diante da constatação da importância dos aparelhos de hegemonia como fortalezas do Estado e, particularmente, do poder avassalador dos meios de comunicação na obtenção do consenso, a questão teórica crucial de Gramsci – *O que torna a civilização burguesa tão resistente?* – dá lugar a uma outra de enorme relevância político-prática: "o que se pode contrapor, por parte de uma classe inovadora a esse complexo formidável de trincheiras e fortificações da classe dominante"? E é ele próprio quem responde: "O *espírito de cisão*, a conquista progressiva da consciência da própria personalidade histórica" (1999, v. 2, p. 79, grifo meu).

Já nos seus escritos de juventude, embora não tivesse ainda formulado o conceito de hegemonia, esse espírito de cisão, isto é, a consciência da necessidade de se romper com a estrutura ideológica dominante já se fazia presente. Antes de tudo, dizia Gramsci,

> o operário deve negar decididamente qualquer solidariedade com jornais burgueses. Deveria recordar-se sempre, sempre, sempre, que o jornal burguês (qualquer que seja a sua cor) é um instrumento de luta movido por ideias e interesses que estão em contraste com os seus (Gramsci apud Schlesener, 2002, p. 62).

Sua própria atividade jornalística e política em Turim estava animada pela convicção profunda de que "as classes subordinadas precisavam se libertar de sua dependência dos intelectuais burgueses, de modo que pudessem desenvolver e disseminar sua própria cultura" (Buttigieg, 2003, p. 43). Era preciso que os operários desenvolvessem sua imprensa como arma de agitação a ser implantada no seio das classes trabalhadoras a fim de unir e elevar seus sentimentos, pensamentos e vontade. Nisso, nota-se a clara influência do líder da Revolução de Outubro.

Grande parte da vasta produção pré-carcerária de Gramsci[4] é constituída de textos publicados em jornais e revistas ligados ao Partido Socialista (PSI) e depois ao Partido Comunista (PCI): jornais como o *Avanti* (órgão central do PSI), o *Il grido del popolo* (jornal da seção turinense do PSI) e *L'Unità* (jornal do PCI). Mas é, sem dúvida, ao periódico *L'Ordine Nuovo* (em seus diversos formatos), que estará mais intimamente associada a sua trajetória política.

L'Ordine Nuovo [A Nova Ordem] surge em 1919 como semanário do grupo político do PSI constituído por Gramsci, Palmiro Togliatti, Umberto Terracini e Angelo Tasca, trazendo em seu primeiro número a palavra de ordem: "Instruí-vos, porque precisamos da vossa inteligência. Agitai-vos, porque precisamos do vosso entusiasmo. Organizai-vos, porque carecemos de toda a vossa força". Tendo Gramsci como redator-chefe, *L'Ordine Nuovo* desempenhou um papel proeminente na tentativa de renovação do PSI e no subsequente processo de construção do Partido Comunista, sob a influência da III Internacional, a ponto de tornar-se o jornal diário do PCI em 1921, quando da fundação do partido. Em 1924, foi substituído por *L'Unità* nessa função, transformando-se em revista teórica quinzenal.

O que os redatores de *L'Ordine Nuovo* se propunham, observa Schlesener, era produzir uma revista de cultura socialista que iniciasse e incentivasse o

> trabalho de reinterpretação do pensamento historicamente produzido, que estimulasse o desenvolvimento e o 'enriquecimento da própria personalidade', que se tornasse o centro de formação de associações de jovens, que, enfim, efetivasse uma nova forma de convivência e de colaboração (2002, p. 100).

Nesse sentido, *L'Ordine Nuovo*, nome pelo qual ficou conhecido o grupo político de Gramsci, era mais do que uma publicação: era um centro cultural, uma escola, um partido, porém, agora, o partido proletário – a "contra-mídia-hegemônica". Como "partido" ou intelectual coletivo, *L'Ordine Nuovo*

---

[4] De 1915, quando passa a fazer parte da redação turinense do jornal *Avanti*, a 1926, ano em que é preso, Gramsci produziu aproximadamente 1.700 títulos, o suficiente, diz ele, "para encher quinze ou vinte volumes de quatrocentas páginas". Cf. COUTINHO, Carlos Nelson. "Introdução". In: GRAMSCI, Antonio. *Escritos políticos*. Rio de Janeiro: Civilização Brasileira, 2004, v. 1.

tem função pedagógica, educativa, cultural, comunicacional; participa intensamente da batalha das ideias, discute problemas de cultura operária; empreende uma teorização do processo político, buscando relacionar dialeticamente as paixões elementares do povo "com uma concepção de mundo superior, científica e coerentemente elaborada" (2004, pp. 221-222).

Para Gramsci, portanto, a comunicação aparece como um terreno decisivo na luta de classes contemporânea. A construção de uma *nova ordem* pressupõe a organização de uma nova cultura e, portanto, *meios* capazes de criar e expressar uma *vontade coletiva* contra-hegemônica. À sua época, o jornal operário possibilitou a setores das camadas subalternas se reconhecerem como sujeitos da história, elevando sua consciência fragmentária e muitas vezes servil ao nível da consciência de classe, isto é, ao nível da totalidade, diria Coutinho, da compreensão não apenas do conflito imediato entre patrões e operários na luta pela fixação do salário, mas das contradições inerentes às próprias relações capitalistas (1992). Eis, segundo Gramsci, o motivo pelo qual "os operários amaram *L'Ordine Nuovo*".

Porque, nos artigos do jornal, encontraram uma parte deles mesmos, a melhor parte deles mesmos. Porque sentiam que, nos artigos de *L'Ordine Nuovo*, estava presente a mesma indagação que eles se faziam: "Como podemos nos tornar livres? Como podemos nos tornar nós mesmos?" Porque os artigos de *L'Ordine Nuovo* não eram frias arquiteturas intelectuais, mas brotavam de nossa discussão com os melhores operários, elaboravam sentimentos, vontades e paixões reais da classe operária de Turim, que tinham sido experimentados e provocados por nós. E porque os artigos de *L'Ordine Nuovo* eram quase como uma "tomada de consciência" de eventos reais, vistos como momentos de um processo de íntima libertação e autoexpressão da classe operária (2004, p. 404).

BIBLIOGRAFIA

BUTTIGIEG, Joseph A. "Educação e hegemonia". In: COUTINHO, Carlos Nelson; TEIXEIRA, Andréa de Paula. *Ler Gramsci, entender a realidade*. Rio de Janeiro: Civilização Brasileira, 2003, pp. 39-49.

CANCLINI, Nestor García. *Consumidores e cidadãos: conflitos multiculturais da globalização*. Rio de Janeiro: Editora UFRJ, 1995.

COUTINHO, Carlos Nelson. *Marxismo e política: a dualidade de poderes e outros ensaios*. São Paulo: Cortez, 1994.

______. *Gramsci: um estudo sobre seu pensamento político*. 2. ed. Rio de Janeiro: Campus, 1992.

DIAS, Fernandes Edmundo. *Gramsci em Turim: a construção do conceito de hegemonia*. São Paulo: Xamã, 2000.

GRAMSCI, Antonio. *Cadernos do cárcere*. Edição e tradução de Carlos Nelson Coutinho. Rio de Janeiro: Civilização Brasileira, 1999, 2001, 2002, v. 1, 2, 3, 4 e 6.

______. *Escritos políticos*. Organização e tradução de Carlos Nelson Coutinho. Rio de Janeiro: Civilização Brasileira, 2004, v. 1.

______. *Cartas do cárcere*. Organização de Carlos Nelson Coutinho e Luiz Sérgio Henriques. Rio de Janeiro: Civilização Brasileira, 2005, v. 1.

HABERMAS, Jürgen. *Mudança estrutural da esfera pública: investigações quanto a uma categoria da sociedade burguesa*. Rio de Janeiro: Tempo Brasileiro, 2003.

IANNI, Otávio. "O príncipe eletrônico". In: ______. *Enigmas da modernidade mundo*. Rio de Janeiro: Civilização Brasileira, 2003, pp. 139-166.

MAQUIAVEL, Nicolau. *O príncipe e dez cartas*. Brasília: Editora Universidade de Brasília, 1992.

NETTO, José Paulo. "Universidade, caldo de cultura pós-moderno e a categoria de hegemonia". In: COUTINHO, Eduardo G. *Comunicação e contra-hegemonia: processos culturais e comunicacionais de contestação, pressão e resistência*. Rio de Janeiro: Editora UFRJ, 2008, pp.119-143.

SCHLESENER, Anita H. *Revolução e cultura em Gramsci*. Curitiba: Editora UFPR, 2002.

[2008]

A COMUNICAÇÃO DO OPRIMIDO: MALANDRAGEM, MARGINALIDADE E CONTRA-HEGEMONIA

_ *Quando uso uma palavra – disse Humpty Dumpty em tom escarninho –, ela significa exatamente aquilo que eu quero que ela signifique... nem mais nem menos.*
_ *A questão – ponderou Alice – é saber se o senhor pode fazer as palavras dizerem coisas diferentes.*
_ *A questão – replicou Humpty Dumpty – é saber quem manda aqui. É só isso.*

[Lewis Carrol]

"Hegemonia revestida de coerção"

No mundo das maravilhas lógico-semânticas de Lewis Carrol, o célebre personagem Humpty Dumpty exerce aquele poder que, em um contexto bem diverso, o pensador italiano Antonio Gramsci atribui ao Estado em seu sentido amplo: ditadura + consenso, isto é, "hegemonia revestida de coerção". A busca do consenso é, aqui, amparada no argumento de força. Não importa se Humpty Dumpty *pode* (tem o direito de) significar a realidade a seu bel prazer; importa é que ele tem o *poder* (força) para fazer valer sua interpretação, sua representação do real, sua visão de mundo, com seus universais abstratos, petrificados, monovalentes. Não importa, diriam os publicitários, marqueteiros e senhores da mídia, a verdade contida na *fala histórica* de um grupo social subalterno, mas quem tem o "monopólio da fala" ou, em termos gramscianos, quem dispõe dos aparelhos de hegemonia. E esses, não por acaso, são controlados pela mesma classe que dispõe dos meios de repressão. Em última instância, é pela coerção – a mesma que garante as relações de propriedade e produção – que os grupos dominantes detêm os meios e o poder de convencer e obter o consenso ativo do dominado.

Na atualidade, a expansão de atividades e de meios voltados para o convencimento sob variadas formas (o que a historiadora Virgínia Fontes chamou de "formação humana para o capital") convive com altas doses de violência aberta e procedimentos coercitivos. No caso das favelas e comunidades pobres cariocas, a violência policial indiscriminada permanece rotineira ao mesmo tempo em que as instituições voltadas para convencer e obter o consentimento de amplos setores da população – televisão, igrejas, futebol etc. – reduzem a participação popular a âmbitos estreitos e bloqueiam o horizonte democrático, "blindando a política de forma a que não envolva transformações substantivas na vida social. Essa configuração parece corresponder à hegemonia do grande capital monetário, hoje dominante e dirigente" (Fontes, 2008, p. 146).

Pensar as "rotas de comunicação alternativa" ou os processos contra-hegemônicos nas comunidades periféricas da cidade do Rio de Janeiro supõe, antes de mais nada, reconhecer a maneira como se dão esses processos de dominação em nossa sociedade, particularmente nos espaços populares. Há que se considerar que nos países periféricos, mais do que nos países centrais; nos subúrbios, mais do que na Zona Sul; e nos morros, mais do que no "asfalto", a "violência simbólica" é inseparável da violência física[5].

Não é à toa que, nos lugares onde a pressão social é mais intensa e o Estado mais opressivo, são mais escassas e precárias as organizações político-culturais populares. Nas favelas cariocas – e aqui vale utilizar a expressão gramsciana –, as organizações pertencentes à sociedade civil são "débeis e gelatinosas". Com exceção, é claro, das igrejas, cujo crescimento é proporcional ao desespero e à exclusão cultural da população.

Essa debilidade das organizações culturais das comunidades pobres só pode ser compreendida como resultado de uma deliberada opressão espiritual. Basta pensar nas instituições de ensino, precarizadas pelas políticas de educação; nas associações de moradores, transformadas, muitas vezes, em

[5] Hoje, a expressão mais sinistra da coerção estatal nas favelas talvez seja o temido "caveirão": carro blindado do Batalhão de Operações Especiais da Polícia Militar (Bope), que tem como emblema o desenho de uma caveira com duas pistolas cruzadas. Com seus fuzis encarreirados e um alto-falante, a polícia entra nas favelas fazendo ameaças aos moradores – "Sai da rua!", "Vim buscar sua alma" –, realizando execuções sumárias, indiscriminadamente, anonimamente, impunemente.

sedes da chamada "polícia mineira" ou coagidas pelo tráfico; nos partidos políticos, esvaziados, eleitoreiros, sem função orgânica na comunidade; e mesmo nas escolas de samba, controladas a ferro e fogo pelo jogo do bicho. Nesse quadro, o chamado "terceiro setor", despolitizado, patina entre o assistencialismo e o oportunismo. E a própria "comunicação comunitária", é preciso que se diga, já viveu dias melhores.

Em larga medida, as rádios livres e comunitárias perderam sua função contra-hegemônica, pondo no ar uma programação muito parecida com a das grandes emissoras: mesmas músicas, mesmas mensagens, mesma lógica. (Sabe-se, inclusive, que existem rádios evangélicas e comerciais com a outorga de rádios comunitárias). Mas, além de serem hegemonizadas ideologicamente, as emissoras alternativas são reprimidas pela coerção estatal que as impede, na prática, de existirem legalmente. Aqui fica claro como a hegemonia burguesa se reveste do exercício da coerção. A morosidade dos sucessivos governos em analisar pedidos de concessão de rádios comunitárias, cujos processos duram até oito anos, contrasta com a agilidade da Agência Nacional de Telecomunicações (Anatel) e da Polícia Federal em reprimir as emissoras populares sem outorga. Entre 1998 e 2002, mais de 10 mil pessoas foram indiciadas e 3.623 foram condenadas por radiodifusão clandestina no país. Só no ano passado, a Anatel fechou cerca de 800 emissoras[6]. É inegável que, pela repressão policial, jurídica e burocrática, as elites condenam as massas ao silêncio, barrando qualquer iniciativa que represente uma ameaça de democratização da comunicação.

Sem meios capazes de amplificar e fazer ecoar a sua voz, a população dos morros e subúrbios cariocas, com raras exceções, não dispõe de instrumentos eficazes de criação e expressão de uma consciência alternativa, contra-hegemônica. *Nesse sentido, minha hipótese-diretriz sugere que a comunicação do oprimido nas comunidades periféricas está reduzida, praticamente, à sua esfera mínima: a esfera da comunicação oral, dialogal, interpessoal. Esfera esta impossível de ser inteiramente colonizada pelos detentores dos meios de informação.* Dito de outro modo: o único meio ou canal que não pode ser anexado ao império midiático dos Marinho ou de Murdoch é o espaço – território – comunitário,

[6] Cf. ATHAYDE, Phydia de. "Rádios comunitárias lutam para não ser fechadas nem apropriadas por políticos ou religiosos". Disponível em: www.piratininga.org.br.

onde se propaga o som da fala marginal daqueles que, apesar de tudo, têm boca para falar, para gritar e para cantar. A expressão oral das massas pode ser sufocada, esvaziada, induzida, mas não se pode impedir os homens e mulheres de conversarem, trocarem ideias, contestarem, resistirem nos barracos, botequins, becos e vielas. Apesar da repressão secular – física e simbólica –, não se conseguiu ainda calar a voz malandra e marginal do homem comum. E quando essa fala é ritmada por um pandeiro e harmonizada por um violão, ganha uma força inusitada. *Se eu contar o que é que pode um cavaquinho...*

Bezerra da Silva: linguagem e poder popular

O diálogo – dimensão inalienável da comunicação comunitária – é, certamente, um meio – ainda que limitado – de organização da cultura, de expressão da consciência popular. Pode-se mesmo dizer que, nas favelas – essas enormes panelas de pressão contidas por sólidas paredes de aço e eficazes válvulas de escape –, a resistência fervilha na expressão oral cotidiana dos moradores. Nesses diálogos e conversas em grupo, a consciência popular se renova constantemente. São raros, no entanto, os meios capazes de permitir a comunicação de cada indivíduo com a comunidade. E mais raros ainda os canais de comunicação do morro com o conjunto da sociedade.

Ao contrário do que se costuma imaginar, se não ouvimos a fala política dos habitantes das favelas – e mesmo dos moradores de rua –, não é porque eles estejam anestesiados, passivos ou não tenham nada a dizer: é porque sua voz é calada, abafada, distorcida.

O sambista Bezerra da Silva (1927-2005) é capaz de perceber criticamente o caráter unilateral da comunicação estabelecida entre as elites e o morro; tem consciência de que a música popular aparece como oposição democrática ao "monopólio da fala" exercido pelos modernos dispositivos de informação. Ele próprio é o intérprete de dezenas de compositores populares praticamente desconhecidos do grande público, "intelectuais" da periferia, que pensam e se expressam artística e politicamente.

> O morro não tem voz. Ele é somente atacado, mas não se defende. [...] Como o morro não tem direito à defesa, só tem direito a ouvir – 'marginal, ladrão, safado' -, como é que ele vai fazer? [...] Então, o que fazem os autores do morro? Eles dizem cantando aquilo que eles gostariam de dizer falando, e eu sou o porta-voz[7].

Desde as primeiras décadas do século passado, a música popular, particularmente o samba, tem sido uma das principais formas de expressão das classes populares do Rio de Janeiro. Através dela, os grupos marginalizados da população habitualmente relegados ao silêncio histórico afirmaram sua visão de mundo, sua identidade, o seu "modo de conceber o mundo e a vida, em contraste com a sociedade oficial" (Gramsci, 1986, p.190).

É nesse sentido de oposição à ideologia vigente que Paulinho da Viola se refere ao samba como uma linguagem "marginal". O samba, diz ele, "é coisa de marginais, pelo menos o samba como ele me interessa agora, um negócio *toda-vida marginal*". Essa expressão sintetiza a ideia de tradição como *continuidade na história de uma visão de mundo não hegemonizada; comunicação intergeracional de valores, ideias e práticas subalternos*. O samba aparece, nesse sentido, como uma forma que se modifica sem se desvincular de seu conteúdo histórico essencialmente marginal (cf. Coutinho, 2011).

Segundo Bezerra da Silva, a própria linguagem falada hoje nos morros, com suas gírias e expressões, faz parte de uma cultura negra marginal, malandra, que remonta ao período da escravidão.

> Quando os escravos quilombolas queriam traçar um plano de fuga, usavam gírias para os senhores não entenderem. É justamente, hoje, o que os intelectuais fazem com a gente. Eles vão para a escola, aprendem o *revertere ad locum tuum*, burugundum, *data venia*. E aí chegam, falam com você o dia inteiro, chamam você do que querem e você não entende nada. [...] Então, o que a gente faz? A gente também pode conversar com o doutor do mesmo jeito, ele ficar o dia inteiro sentado e não entender nada também. Aí é zero a zero.

---

[7] Os depoimentos de Bezerra da Silva e de seus parceiros foram extraídos do documentário sobre o compositor, *Coruja*, de Simplício Neto e Márcia Derraik, TvZERO, 2002.

O poder das elites, sua capacidade de determinar o sentido da realidade, de criar e impor significações, ideias, valores aos grupos subalternos, é contrabalançado pela fala popular, com seus códigos estranhos à linguagem hegemônica, seus signos escorregadios, dificilmente assimiláveis e manipuláveis pelo discurso oficial – uma linguagem viva, que se refaz permanentemente no âmbito da comunicação comunitária.

> O cara chegou no xadrez, é um papo que, né, tinha um furo na área, aí, chegou um catatau que estava fora do ar, o cara tava no vacilo, aí... Cerol, não teve jeito. Ficou bonito.[8]

Bezerra da Silva compreende que essa linguagem, essa forma histórica, é portadora de conteúdos históricos alternativos. A Gíria, diz ele, "é cultura do povo". É a tradição oral, comunitária, que, antes de ser assimilada pela cultura de massa e se tornar clichês de programas televisivos, é a expressão de uma moral popular, uma forma que se renova com a consciência num processo ininterrupto de luta pela significação da realidade.

> *Toda hora tem gíria no asfalto e no morro*
> *Porque ela é a cultura do povo*[9]

O sambista sabe também que a cultura popular, oral, sem grandes meios de difusão, pode pouco contra a cultura letrada, alicerçada no aparato jurídico-policial; sabe que a "justiça" está do lado dos doutores, dos grupos dominantes, que detiveram, historicamente, o controle da palavra escrita; e não daqueles cujas ideias, normas e valores são transmitidos de boca em boca. Assim, canta ele:

> *A balança da justiça social*
> *Só pesa para a lei escrita*
> *Isso não está legal*[10]

---

[8] Depoimento de um compositor popular, parceiro de Bezerra da Silva, em *Coruja*, documentário de Simplício Neto e Márcia Derraik, op.cit.

[9] "A gíria é cultura do povo", álbum "A gíria é cultura do povo", Atração, 2002.

[10] "Justiça social", de Duda e Marujo, álbum *Justiça social*, RCA Victor, 1987.

Mas se os "doutores", com sua linguagem sistemática, são capazes de afirmar sua visão de mundo e apresentar como naturais os signos dominantes, a cultura oral também pode, como disse Bakhtin, inverter os valores oficiais, dessacralizá-los, lançá-los por terra. Por meio do humor, da crítica, da paródia, a fala popular – sempre viva no território comunitário – revela aquela "dialética interna do signo"[11], que permite aos indivíduos recriarem seus valores sociais em confronto com o sistema simbólico dominante.

E é justamente porque a consciência das massas se renova, porque os homens estão vivos e não deixam de sentir e pensar, porque eles são capazes de contestar, de reinterpretar os signos do passado a partir de uma perspectiva não hegemônica, que as classes dirigentes são obrigadas ao esforço contínuo de apropriação, esvaziamento e mistificação das falas populares.

Malandragem x bandidagem

Para além do *tema* da malandragem, muito presente no cancioneiro popular dos anos 1930, pode-se perceber na obra de Bezerra da Silva a permanência da *linguagem* malandra dos morros e subúrbios cariocas. Linguagem que vem de Bide, Ismael Silva, Wilson Batista, Geraldo Pereira e Moreira da Silva e da qual são herdeiros os autores que compõem para Bezerra. Certo, já não existe o malandro do passado, com seu "chapéu do lado, tamanco arrastando, lenço no pescoço, navalha no bolso", como o cantou Wilson Batista[12]. As condições socioculturais são outras. No entanto, a linguagem malandra, escorregadia, crítica, permanece viva na fala do homem comum, expressando uma visão de mundo não hegemônica que irrompe nas frestas do discurso dominante.

Bezerra da Silva atualiza o tema da malandragem. Seu samba é uma crônica da vida marginal das favelas cariocas nas últimas décadas do século XX, atravessada por profundas contradições sociais. E como tal, não poderia

---

[11] Sobre este conceito, cf. BAKHTIN, Mikhail. *Marxismo e filosofia da linguagem*. São Paulo: Hucitec, 1997.

[12] "Lenço no pescoço", de Wilson Batista, 1933.

deixar de abordar questões relativas à miséria ("Pega eu"[13]), às drogas ("A semente"[14], "Tem coca aí na geladeira"[15]), à violência policial ("Na hora da dura"[16]), à realidade dos presídios ("Ilha grande"[17], "Bicho feroz"[18]), ao racismo ("Preconceito de cor"[19]) etc.

A malandragem de Bezerra é muitas vezes identificada por seus críticos à bandidagem. O sambista contesta, dizendo que canta a realidade – "a realidade que dói" – das comunidades periféricas. "Então, dizem que eu sou cantor de bandido, porque os autores que escrevem para mim são favelados..." [20]. Tais autores, como nos mostra o belo documentário "Coruja"[21], são trabalhadores: mecânicos, pedreiros, bombeiros, biscateiros, operários, que vivem em comunidades controladas pela indústria das drogas e convivem com moradores postos numa situação de ilegalidade por essa indústria, da qual são as grandes vítimas, como mão de obra e usuários.

A linguagem e a visão de mundo dos malandros atuais refletem essa realidade; não há pureza nem *glamour* na malandragem de Bezerra. A consciência do malandro é a "consciência possível" de quem vive esse mundo. Ela é marginal no sentido de que está à margem da lei ("*A malandragem da Colina também não anda na mão / Usa 765, 3245 e 3 oitão*"[22]), mas também por expressar a visão de mundo crítica de um grupo social marginalizado.

---

13 "Pega eu", de Crioulo Doido, álbum *Bezerra da Silva ao vivo*, CID, 1999.

14 "A semente", de Roxinho, Tião Miranda, Felipão e Walmir da Purificação, álbum *Justiça social*, RCA Victor, 1987.

15 "Tem coca aí na geladeira", de Regina do Bezerra, álbum *Malandro é malandro, mané é mané*, Atração, 2000.

16 "Na hora da dura", de Beto Pernada e Simões, álbum *Justiça social*, RCA Victor, 1987.

17 "Ilha Grande", de J. Laureano, álbum *Justiça social*, RCA Victor, 1987.

18 "Bicho feroz", de Tonho e Cláudio Inspiração, álbum *Bezerra da Silva ao Vivo*, CID, 1999.

19 "Preconceito de cor", de Naval e G. Martins, álbum "Justiça social", RCA Victor, 1987.

20 Embora tenha composto alguns sambas, Bezerra da Silva é fundamentalmente um intérprete, um "porta-voz", como diz ele, dos sambistas das favelas cariocas, em sua maioria desconhecidos do grande público.

21 op.cit.

22 "Colina maldita", de Julinho Belmiro e Jorge Garcia, álbum *Partido muito alto*, RCA Victor, 1980.

De fato, os compositores que escrevem para Bezerra não demonstram nenhuma simpatia pelos representantes da Lei – da "lei escrita" que está sempre do lado dos ricos –, nem pelos seus colaboradores na comunidade: os dedos-duros. "E como é bom ver um dedo-duro na cadeia, como é lindo", diz Bezerra. Por oposição ao malandro, o "mané" é o puxa-saco, o covarde, o caguete: "*Disca denúncia a troco de nada/ E tem muito prazer em vender os irmãos*"[23]. É o pobre que rouba pobre, que desrespeita as normas do grupo, que "vacila". E por isso é desconsiderado. "*Mané é um homem que moral não tem*"[24].

Não seria exagero dizer que essa moral malandra envolve uma embrionária consciência de classe, que se manifesta no reconhecimento da existência de oprimidos ("crioulos do morro", "favelados") e de opressores ("doutores", "juízes", "colarinhos brancos", "políticos', "marajás"). Essa "consciência possível", comunitária e de classe, permeia o conjunto da produção dos compositores interpretados por Bezerra.

Eu assino embaixo doutor
Por minha rapaziada
São os crioulos do morro, mas ninguém roubou nada
Isto é preconceito de cor (vou provar ao senhor)

Vê se dá um refresco
Isso não é pretexto pra mostrar serviço
Eu assumo o compromisso
Pago até a fiança da rapaziada
Porque é que o senhor não mete o grampo
No pulso daquele colarinho branco
Roubou o ouro de toda serra pelada
Somente o doutor que não sabe de nada

---

23 "Catatau nervoso", de Odilon, Tião Miranda e Bezerra), álbum *Provando e comprovando sua versatilidade*, Universal, 1998.

24 "Malandro é malandro e mané é mané", de Neguinho da Beija-Flor, álbum *Malandro é malandro e mané é mané*, Atração, 2000.

Porque o senhor não prende aquele careta
Que só faz mutreta e só anda de terno
Mas o seu nome não vai pro caderno
Ele anda na rua de pomba rolou
A lei só é implacável pra nós favelados
E protesto com isso
Ele tinha que ser o primeiro da lista
Se liga nessa, doutor[25]

Há nessa produção uma clara distinção entre os pobres que roubam por necessidade, "vítimas dessa elite bandida"[26] e os "ladrões de gravata", que, como cantou Chico Buarque, *nunca se dão mal*. Eram esses, e não aqueles, diz Bezerra, que deveriam estar no "xadrez". Essa diferença se explicita em um samba tragicômico, "Aos donos da minha nação", que mostra o ladrão comum chorando ao se defrontar com a situação de pobreza de sua vítima, isto é, com a sua própria situação.

Em seu desespero deu um bote errado
Assaltou um descamisado
Sem futuro e sem razão
Chorou diante daquela situação
De ver tanta criança morrendo de inanição
Muito mais humano
Do que esse político vilão
Que usa os favelados
Somente pra ganhar eleição[27]

O ladrão de terno não é apenas alguém que rouba e dilapida as riquezas da nação: ele é, na percepção de Bezerra, alguém que *explora* o povo brasileiro, alguém que "não trabalha" e lhe "tira o couro". E é também aquele que em épocas

---

25 "Preconceito de Cor", de Naval e G. Martins, álbum *Justiça social*, RCA Victor, 1987.

26 "Eu não sou santo", de Adelzonilton, Nilo Dias, Crioulo Doido, álbum *Eu não sou santo*, BMG Ariola, 1990.

27 "Aos donos da minha nação", de Bezerra, álbum *Maxximum*, Sony BMG, 2005.

de eleição sobe a favela para pedir o voto da comunidade[28]. É "o pior de todos os bandidos", como diria Brecht e sustentaria o sambista: "o político vigarista, pilantra e corrupto". São estes os mesmos "doutores" que têm uma linguagem excludente e um discurso preconceituoso e elitista sobre o povo da favela. Apesar de seu pouco estudo, o compositor popular é capaz de expressar criticamente uma visão histórica das relações de classe no Brasil, identificando nitidamente a personalidade e os limites precisos do próprio adversário, os "donos da nação".

Quando Cabral aqui chegou
E semeou sua semente
Naturalmente começou
A lapidação do ambiente
Roubaram o ouro, roubaram o pau
Pra ficar legal, ainda tiraram o couro
Do povo dessa terra original [...]
E, a terra boa, mas o povo continua escravizado
Os direitos são os mesmos
Desde os séculos passados
O marajá, ele só anda engravatado
Não trabalha, não faz nada
Mas tá sempre endinheirado[29]

Cantando a vida comunitária das favelas cariocas, denunciando preconceitos e injustiças, expressando sua consciência crítica, ainda que permeada por valores hegemônicos, Bezerra da Silva aparece, sem dúvida, como uma liderança intelectual e moral dessas comunidades. Na contramão da grande mídia, que insiste em tratar a favela como um reduto de *marginais* – assunto de suas seções policiais –, Bezerra compreende que "a favela é um problema

---

28 O tema do político demagogo é também uma constante no repertório de Bezerra da Silva. Veja-se, ainda, o clássico "Candidato Caô Caô", de Pedro Botina e Walter Meninão, no álbum *Bezerra da Silva ao vivo*, CID, 1999: *"Ele subiu o morro sem gravata/Dizendo que gostava da massa/Foi lá na tendinha, bebeu cachaça /Até bagulho fumou / Entrou no meu barracão/E lá usou lata de goiabada como prato / Eu logo percebi / É mais um candidato para a próxima eleição"*.

29 "É ladrão que não acaba mais", de Ari do Cavaco e Otacílio da Mangueira, álbum *Eu tô de pé*, Universal, 1998.

social", onde o que existe é gente humilde e *marginalizada*. A expressão "marginal", que no discurso midiático representa o povo a partir de uma perspectiva elitista, naturalizando uma imagem negativa dos que vivem nos guetos, adquire na fala contra-hegemônica do sambista uma significação histórica. O "marginal" aqui é uma determinação social: um adjetivo que designa homens pobres, trabalhadores, que sobrevivem com um "salário de fome" e, em alguns casos, roubam e traficam drogas; e não um substantivo, uma abstração, uma coisa em si, fora da história, como quer a grande mídia.

Às significações petrificadas e monovalentes de quem tem o poder – dos que dizem com escarninho: *a questão é saber quem manda* – contrapõe-se a fala histórica, malandra, do homem comum. Uma fala, que mesmo sufocada e deformada pelos aparelhos de coerção e consenso, é capaz de expressar os estratos críticos do senso comum e aquela verdade que, como a dor dos favelados, não sai no jornal. Esta pode não ser ainda uma visão do mundo sistematizada, articulada, como o é a fala hegemônica, mas é seguramente o princípio daquilo que Antonio Gramsci chamaria de "filosofia" popular.

> *Em defesa de todas as favelas do meu Brasil,*
> *Aqui fala o seu embaixador*
>
> *A favela nunca foi reduto de marginal (bis)*
>
> *Ela só tem gente humilde marginalizada*
> *E essa verdade não sai no jornal*
>
> *A favela é um problema social*
> *A favela é um problema social*
>
> *Sim, mas eu sou favela*
> *Posso falar de cadeira*
> *Minha gente é trabalhadeira*
> *Nunca teve assistência social*
> *Ela só vive lá*
> *Porque para o pobre, não tem outro jeito*
> *Apenas só tem o direito*
> *A um salário de fome e uma vida normal*[30]

[30] "Eu sou favela", de Sérgio Mosca e Noca da Portela, álbum *Presidente Caô-Caô*, BMG Ariola, 1992.

BIBLIOGRAFIA

ATHAYDE, Phydia de. "Rádios comunitárias lutam para não ser fechadas nem apropriadas por políticos ou religiosos". Disponível em: www.piratininga.org.br.

BAKHTIN, Mikhail. *Marxismo e filosofia da linguagem*. São Paulo: Hucitec, 1997.

COUTINHO, Eduardo Granja. *Velhas histórias, memórias futuras: o sentido da tradição em Paulinho da Viola*. 2. ed. Rio de Janeiro: Editora UFRJ, 2011.

FONTES, Virgínia. "Intelectuais e mídia: quem dita a pauta?". In: COUTINHO, Eduardo G. (Org.) *Comunicação e contra-hegemonia: processos culturais e comunicacionais de contestação, pressão e resistência*. Rio de Janeiro: Editora UFRJ, 2008.

GRAMSCI, Antonio. *Literatura e vida nacional*. Rio de Janeiro: Civilização Brasileira, 1986.

MARX, Karl; ENGELS, Friedrich. *A ideologia alemã*. São Paulo: Hucitec, 1987.

DOCUMENTÁRIO

NETO, Simplício; DERRAIK, Márcia. *Coruja*. Rio de Janeiro: TvZERO, 2002.

[2008]

HEGEMONIA E LINGUAGEM: CLICHÊS MIDIÁTICOS E FILOSOFIA DAS MASSAS

Das velhas antenas vêm as velhas tolices.
A sabedoria é transmitida de boca em boca.

[BERTOLT BRECHT]

Hegemonia e linguagem

Hegemonia pode ser definida como a capacidade de um grupo social determinar o sentido da realidade, exercer sua liderança intelectual e moral sobre o conjunto da sociedade. A luta pela hegemonia – pela organização da cultura – é, nesse sentido, uma luta pela articulação de valores e significações que concorrem para a direção político-ideológica dos indivíduos. Mas essa batalha de *ideias* não pode deixar de ser pensada, dialeticamente, como uma luta pela sistematização de *formas* culturais, isto é, de linguagens que expressam tais representações e conteúdos.

Empenhado em compreender como se dão as relações de hegemonia na sociedade burguesa, o pensador italiano Antonio Gramsci atribui grande importância ao estudo das linguagens e das línguas. Segundo ele, esse estudo deve ter um caráter "despreconceituoso e, sobretudo, ideológico-histórico, e não estreitamente gramatical": a língua deve ser tratada como uma concepção do mundo, como a expressão de uma concepção do mundo. Toda língua, diz ele, é "um conjunto de noções e de conceitos determinados" e não, simplesmente, uma "veste que sirva indiferentemente como forma a qualquer conteúdo" (2000, v. 5, p. 229). As formas históricas são portadoras de conteúdos históricos.

Nessa perspectiva, "linguagem significa também cultura e filosofia" (Gramsci, 1999, v. 1, p. 398). E, como tal, deve ser compreendida como um campo de força ideológico onde entram em disputa os interesses de diferentes grupos sociais. Nesse campo, dirá Gramsci retomando Marx, "os homens se movimentam, adquirem consciência de sua posição, lutam" (1999, v. 1, p. 237). Nele, as classes e frações de classes esforçam-se por impor sua visão de mundo e contar a história a partir da sua própria perspectiva.

Essa compreensão da linguagem como um "aspecto da luta política" (Gramsci, 2002, v. 6, p. 149) encontra afinidade com o pensamento do marxista russo Mikhail Bakhtin. Partindo do reconhecimento de que "classes sociais diferentes servem-se de uma só e mesma língua" e que, portanto, uma mesma palavra pode ser interpretada de maneira diferente por distintos sujeitos históricos, Bakhtin pensará o signo como uma "arena onde se desenvolve a luta de classes" (1997, p. 46). Isso que Bakhtin – a partir da filosofia da linguagem – chamou de "confronto de interesses sociais nos limites de uma só e mesma comunidade semiótica" (ibid.), Gramsci designaria luta pela hegemonia político-cultural. O comunista italiano sustenta que a direção político-ideológica dos estratos dirigentes envolve o empobrecimento, a fragmentação e a coisificação da linguagem/consciência popular e que, portanto, a organização de uma cultura contra-hegemônica implica o desenvolvimento da autoexpressão das camadas subalternas, o aperfeiçoamento da forma histórica por meio da qual se expressa o conteúdo revolucionário, seja pela "aquisição de novos meios de expressão", seja pela elaboração de "novos matizes de significado e de uma ordem sintática e estilística mais complexa".

Fragmentos da consciência

Segundo Gramsci, o ponto de partida para a organização da cultura das massas deve ser a análise crítica do senso comum, que é a "filosofia das multidões", a qual se trata de tornar ideologicamente homogênea, coerente, sistemática. Para ele, o traço fundamental e mais característico dessa "filosofia dos não filósofos" é o de ser "um agregado caótico de concepções disparatadas" (1999, v. 1, p. 117). Enquanto a fala oficial é sistematicamente articulada por meio de uma matriz de canais institucionais, as formas de consciência do povo são descontínuas e fragmentárias. Nelas, pode-se encontrar uma infinidade de traços deixados pelo processo histórico.

> Pertencemos simultaneamente a uma multiplicidade de homens-massa, nossa própria personalidade é compósita de uma maneira bizarra: nela se encontram elementos dos homens das cavernas e princípios da ciência mais moderna e progressista, preconceitos de todas as fases históricas passadas estreitamente localistas e intuições de uma futura filosofia que será própria do gênero humano mundialmente unificado (1999, v. 1, p. 94).

Traços dessas diferentes concepções de mundo permanecem na linguagem. Basta pensar, por exemplo, nos provérbios, ditados e lugares comuns de diferentes épocas e contextos culturais que constituem a consciência fragmentária das massas na atualidade. Boa parte desses ditos que estruturam a moral popular têm origem bíblica ("Olho por olho, dente por dente", "Quem não tiver pecado, atire a primeira pedra" etc.). Outros, expressando uma moral burguesa, são igualmente aplicados à vida cotidiana ("Tempo é dinheiro", "Quem poupa tem", "Negócio é negócio" etc.). O pensamento das massas é, em alguma medida, construído a partir dessas formas históricas, estratificadas em sua consciência. Formas que são permanentemente reelaboradas pelos sujeitos atuais por meio de suas falas. Daí o entendimento das narrativas – midiática, literária, religiosa, jornalística, musical-popular etc. – como falas que constroem, a partir de traços que testemunham o passado, historicidades convenientes às perspectivas de diferentes grupos sociais.

Posto que a linguagem é um dado social que estrutura a consciência, cabe indagar sobre as narrativas e as formas de comunicação predominantes na consciência popular na sociedade contemporânea. Isso nos ajudaria a responder à questão colocada por Gramsci: "Qual é o tipo histórico de conformismo, de homem-massa do qual fazemos parte?" (1999, v. 1, p. 94). Considerando a centralidade da mídia eletrônica na sociedade civil, sua principalidade na organização da consciência popular, partiremos da hipótese de que o tipo histórico de conformismo do qual fazemos parte, hoje, não pode ser compreendido sem uma análise do modo como os modernos meios de comunicação reelaboram os signos do passado, se apropriam de formas e linguagens populares, reinterpretam a tradição.

A consciência desse homem-massa é um mosaico em que, entre traços da cultura oral, da cultura letrada, de crenças religiosas etc., sobressaem-se as ideias, valores e significações criados e recriados pelos meios de comunicação eletrônica. Os clichês e bordões televisivos, reproduzidos em publicidades ("Eu gosto de levar vantagem em tudo, certo?"), novelas, programas humorísticos e esportivos são as máximas, os adágios modernos. O acolhimento e a repetição desses *provérbios midiáticos* pelo homem comum no seu dia a dia – clichês como "Eu odeio pobre" – estrutura a sua maneira de pensar. É o poder dos jargões, exercido pelos que controlam os grandes meios.

Ao invés de permitir a apreensão crítica da realidade, o chavão televisivo tem como função impedir qualquer reflexão e diálogo. Assim, observa Paulo Freire, esgotada a palavra de sua dimensão de ação, sacrificada a reflexão, a palavra se transforma em palavreria, verbalismo, blá blá blá. Da expressão coisificada não se pode esperar a denúncia do mundo. Nesse sentido, a "Pedagogia do oprimido" envolve uma reflexão crítica sobre os "*slogans* dos opressores" (Freire, 2005, pp. 90-99), de maneira que os homens, livres das formas de consciência que os escravizam, sintam-se "sujeitos do seu pensar". Freire acredita que mesmo as lideranças revolucionárias não podem levar ao povo verdades estabelecidas sob a forma de clichês. O conhecimento deve ser buscado dialogicamente com o próprio povo, reconhecido como sujeito de sua educação. "Obstaculizar a comunicação é transformá-los [os homens] em quase 'coisa' e isso é tarefa e objetivo dos opressores, não dos revolucionários" (Freire, 2005, p. 145).

"Cala a boca, Galvão!"

"Bem, amigos da Rede Globo...", diz o locutor Galvão Bueno sempre que inicia a transmissão de um jogo. Sua fala incorpora o jeito cordial do homem comum. Valendo-se dessa linguagem coloquial popular, Galvão nos interpela como "amigos"; não somente como amigos seus, mas como amigos da Rede Globo. Galvão nos informa que a relação da Rede Globo com os telespectadores é uma relação de amizade, de camaradagem. E ao longo de toda a transmissão não há nada no tom de sua narrativa que indique a verdadeira natureza da relação entre a Globo e seus "amigos".

Não se trata, aqui, de analisar o papel histórico da Rede Globo na sociedade brasileira. Limitemo-nos a observar que a emissora, financiada pelo grupo norte-americano *Time-Life* no momento em que se articulava a ditadura civil-militar no Brasil, não tem agido desde então como uma amiga da classe trabalhadora. Veja-se o tratamento que ela tem dado aos movimentos sociais brasileiros, defendendo, invariavelmente, os interesses das elites nacionais e internacionais. Mas, como diz o ditado, "amigos, amigos, negócios à parte".

Os negócios da Globo não a impedem de gastar o precioso tempo de sua programação ("Tempo é dinheiro", lembre-se) com vinhetas que enfatizam sua grande empatia com as massas. Nos anos 1990, os amigos da Rede Globo ouviram exaustivamente o *slogan*: "Globo e você: tudo a ver". Também nas partidas de futebol, toda vez que um jogador chutava a gol e a bola não entrava, era o próprio Galvão quem lembrava ao telespectador: "Globo e você: tudo a ver". Por que o locutor dizia isso precisamente no momento em que a bola saía pela linha de fundo é uma questão que deixo em aberto para os semiólogos. Mas, chamo a atenção para a genialidade perversa da frase.

Em um primeiro nível de leitura, fico sabendo aquilo que já me havia sido anunciado desde o primeiro momento: eu e a Globo temos uma grande afinidade, os mesmos interesses – somos amigos. A TV da família Marinho gosta das mesmas coisas que eu, fala comigo na minha linguagem. Como diriam os intelectuais à sombra do poder, ela dá ao povo o que o povo quer: novela, Big Brother, Faustão, Galvão... Mas essa é, na verdade, segundo Adorno, uma tese cínica. Os consumidores de entretenimento são eles mesmos objetos, ou na verdade, produtos dos mesmos mecanismos que determinam a produção cultural (1985). A indústria cria a demanda para os bens culturais que ela produz. Aos homens não lhes restam muita escolha. Como poderão gostar de Pixinguinha e Hermeto Pascoal se *tudo o que eles têm a ver e ouvir* é Britney Spears e Kelly Key?

A expressão "tudo a ver" nos sugere que tudo o que há para ser visto pode ser visto na tela da Globo. O que não passa na Globo, portanto, não é algo a ser visto: é como se não existisse. O *slogan* sugere ainda que tudo a ser visto é a relação de identidade entre a "Globo e você", a relação de amizade da Globo com o povo brasileiro. Qualquer outra identidade – a de classe, por exemplo – não é algo a ser visto, não faz parte da realidade representável. Outro dos *slogans* globais que marcaram época bate na mesma tecla: "O que pinta de novo pinta na tela da Globo". É preciso dizer que, ao contrário do que sugere a frase, o "novo" aqui não se refere ao real histórico, ao que acontece de novo na sociedade (esse novo não pinta na Globo), mas às novidades da emissora: novas atrações, novos rostos, novos efeitos, novos clichês, novas formas para um velho conteúdo. As velhas ideias da dominação se vestem com roupas sempre novas, buscando para si uma aparência atraente. Parafraseando Marx, poderíamos dizer que, longe de ser a sociedade que conquista para si um novo conteúdo, é a mídia que, sob esse disfarce, cria imagens e reforça sentimentos como parte de sua estratégia de controle sobre a sociedade.

Como até mesmo Galvão se cansa de repetir milhões de vezes a mesma frase, a Globo está sempre inovando. Hoje, quando a bola sai pela linha de fundo, deixando frustrados ou aliviados os torcedores, o locutor bonachão profere em tom amistoso: "Globo: a gente se vê por aqui". O discurso hegemônico se apropria de uma expressão popular – "a gente se vê por aí" – e se veste com a sua forma simpática, espontânea e coloquial para dizer que o povo brasileiro se vê pelas lentes da Globo. Esquece-se apenas de dizer que a gente se vê de forma distorcida; que a imagem do povo, assim como sua linguagem, é esvaziada e reificada. O homem do povo é interpelado, nessa linguagem que é sua, como sujeito, quando, na verdade, é tratado como objeto.

Essa apropriação e distorção de signos populares – a criação de *mitos*, diria Roland Barthes – é o procedimento típico da ideologia burguesa. O mito, diz ele, é uma "fala roubada", uma fala esvaziada de seu conteúdo histórico, de seu passado, de sua memória. Uma fala roubada e ressignificada na perspectiva ideológica dominante, uma fala apropriada por uma outra fala, um sistema semiológico assimilado por um outro sistema semiológico (1980). Vejamos o caso exemplar de mistificação por Galvão da canção popular "Pra não dizer que não falei das flores" ou "Caminhando".

"Pra não dizer que não falei das flores" (1968), do paraibano Geraldo Vandré, foi finalista do III Festival Internacional da Canção (TV Globo). Favorita de um público tendencialmente nacionalista e de esquerda, essa canção teria ganhado o festival, não fosse a censura e o DOPS proibirem. Entretanto, a derrota não impediu que ela se tornasse o símbolo maior da resistência à ditadura militar nos anos posteriores, tendo sido definida, certa vez, como a "nossa Marselhesa", o hino nacional perfeito, visto que nascido no meio da luta; "foi crescendo de baixo para cima, cantado, cada vez mais espontânea e emocionalmente, por maior número de pessoas" (Millôr Fernandes apud Coutinho, 2011, p. 72).

Após o AI-5, o secretário de segurança do estado da Guanabara proibiu a execução pública de "Caminhando", prevendo que a composição iria se tornar um *slogan* das manifestações estudantis de rua. Na verdade, a canção virou não só um hino dos estudantes contra a ditadura, como do conjunto dos movimentos sociais, conseguindo algo que as canções de protesto, de um modo geral, não conseguiram: sair do âmbito da classe média universitária e atingir as camadas baixas da população, como ficou patente nas históricas manifestações dos trabalhadores do cordão industrial de São Paulo, no final dos anos 1970. Ainda hoje "Caminhando" continua presente nas manifestações populares. Em 1997, os trabalhadores sem-terra a entoaram minutos antes de ouvirem a sentença de condenação do líder do MST, José Rainha Júnior. Em dezembro do mesmo ano, por ocasião da revolta da Brigada Militar do Rio Grande do Sul, os próprios policiais cantaram, em passeata, o velho *slogan* musical da esquerda estudantil (Coutinho, 2011):

A soldados armados, amados ou não
Quase todos perdidos de armas na mão
Nos quartéis lhes ensinam uma antiga lição
De morrer pela pátria e viver sem razão...

"Pra não dizer que não falei das flores" é o exemplo mais bem acabado de incitação à revolta na MPB. O seu refrão não deixa dúvidas:

Vem, vamos embora, que esperar não é saber
Quem sabe faz a hora, não espera acontecer...

Pois bem, narrando um jogo em que o Brasil perdia e não conseguia se recuperar, Galvão proclamou vigorosamente, incitando a Seleção Brasileira a se levantar, lutar, reagir.

Vamos lá, Brasil, vamos embora, que esperar não é saber
Quem sabe faz a hora, não espera acontecer...

Eis aí o que Barthes chamaria de "fala roubada". A fala dos estudantes e trabalhadores que queriam transformar a sociedade é reduzida a um simples significante da fala mítica do locutor. Galvão se apropria da *fala histórica* de um sujeito revolucionário, esvaziando-a de seu sentido político e atribuindo a ela novo conceito: o ufanismo nacionalista burguês. Por isso, Barthes diz que o mito é uma fala roubada e restituída. Só que a fala que se restitui não é exatamente a mesma que foi roubada: trazida de volta, não foi colocada no seu lugar exato. É esse breve roubo, esse momento furtivo de falsificação, que caracteriza a fala mítica.

Na verdade, a função do mito não é apagar/fazer desaparecer a linguagem objeto e, sim, deformá-la. Como uma ave que se alimenta de presas vivas, *Galvão* rapina a fala popular, deformando seu significado histórico. Ele não destrói sua forma: o que ele realmente destrói é a sua memória, o seu conteúdo contra-hegemônico, assim como o faz a Globo ao incorporar anarquistas, sem-terras, sindicalistas, líderes estudantis em suas novelas. Nesses casos, é apenas a sua imagem que é assimilada e estereotipada. A sua fala marginal, evidentemente, não comparece nas representações da TV comercial.

Aponta-se, nesse sentido, uma identidade entre os processos de hegemonia e reificação. A liderança intelectual e moral burguesa tem sido um processo cuja força reside, precisamente, na sua capacidade de mistificação e coisificação da linguagem/consciência popular. Para obter o consenso ativo dos dominados, de maneira a incorporá-los ao seu projeto de dominação, os grupos dirigentes fazem suas certas tendências e aspirações das massas, despolitizando-as, porém, assimilam as falas populares, esvaziando-as de sua historicidade; apropriam-se de seus signos, petrificando-os, integrando-os ao sistema de valores da cultura dominante.

A hegemonia burguesa sofre, no entanto, uma constante resistência no âmbito da comunicação popular. Embora sem a mesma força e o mesmo tipo de apelo que a mídia negocista, os meios de comunicação populares – incluindo aí não apenas a imprensa alternativa, mas as rodas de samba, a conversa de botequim, os brados de revolta – foram e continuam sendo utilizados pelos grupos subalternos na luta pela cultura, como forma de criação e expressão de uma visão de mundo contra-hegemônica. Esta mídia marginal, ainda que não disponha da "vantagem da mistificação", conta com a "arma da crítica", com o esforço de "desnaturalização", de historização daquilo que se impõe, ideologicamente, como uma verdade eterna. Opondo-se às ideias e valores da cultura do dinheiro, estes instrumentos de contra-hegemonia expressam, certamente, uma contratendência aos fenômenos da reificação (Coutinho, 2009).

Linguagem popular e contra-hegemonia

A fala ufanista do locutor da Rede Globo Galvão Bueno, que sempre encontrou resistência na expressão oral cotidiana dos homens comuns, foi amplamente contestada por um movimento surgido espontaneamente nas redes sociais. A história é conhecida. Durante a Copa do Mundo de 2010, Galvão Bueno alcançou o primeiro lugar entre os assuntos mais comentados do *Twitter* em escala global. Na abertura do evento, apresentada por ele, os telespectadores brasileiros manifestaram seu repúdio ao locutor tuitando a frase "Cala a boca, Galvão". A adesão foi tanta que, em pouco tempo, ela entrou nos *trending topics* (palavras e/ou expressões mais abordadas no microblog no país). Quando usuários de outros países perguntaram do que se tratava, os brasileiros criaram uma quantidade de explicações – todas elas falsas, mas com o propósito de fazer com que o termo fosse "retuitado" ao máximo. Disseram que "cala a boca" significava "salve" e que "Galvão" era uma espécie de ave em extinção. Explicaram ainda que cada mensagem com a frase "Cala a boca, Galvão" enviada pelo *Twitter* geraria doações em dinheiro para a fundação de defesa dos pássaros "Galvão". Em pouco tempo, as palavras "Cala a boca, Galvão" e "Boca Galvão" ocuparam o 1° e 3° lugares em mensagens mais "twittadas", enquanto "FIFA World Cup" e "World Cup" ficaram em 5° e 6°. No Brasil, ficou patente a grande resistência da grande maioria dos internautas ao locutor tido como "falastrão", "histriônico", "dono da verdade". As mensagens oscilavam entre a piada mais ou menos ingênua sobre o chato locutor que prolonga dramaticamente as vogais e os erres, e a crítica contundente ao porta-voz da Rede Globo e a tudo o que ela representa. Vejamos algumas:

> *Foraaaaaaaaaaaaaaaaaaaaa,*
> *Galvãooooooooooooooooooooooooooo.*
>
> [ACEOLI, 18 DE AGOSTO DE 2010[31]]

---

[31] Essa mensagem e as seguintes se encontram em: http://veja.abril.com.br/blog/vida-em-rede/twitter/cala-boca-galvao-topico-mais-discutido-no-twitter/.

'Cala a boca, Galvão' é pouco!!! Quando assisto um jogo narrado por ele deixo no mudo. Se acha, conhece tudo, sabe tudo, não aguento a pose que esse cara faz para falar. Ele, Arnaldo, Falcão e Casa Grande [...] Deus me livre, só falam merda. Televisão esta insuportável!!! Quando vou poder ligar meu televisor e saber que não vou ouvir mais essa raça maldita... Gugu, Faustão, Xuxa, Didi, Ana Brega, entre tantos... E por incrível que pareça o pior é esse Galvão. Como eu queria não gostar de Futebol e Formula 1. Sai Mala!!!

[Francisco, 18 de agosto de 2010]

Tudo que o povo Brasileiro quer é que ele cale essa maldita boca [...].

[Thais, 1º de setembro de 2010]

A TV Globo dominou por muito tempo a audiência, manipulou eleições, criou personagens caricatas como esse Galvão. Agora chega, não é somente o Galvão que "Cala a Boca". São todos os que prejudicam o país que merecem calar-se. Quanto a esse Galvão Bueno, estar mudo ainda é pouco assim como tantos outros da Globo que creem que a informação é privilégio de poucos.

[Paulo Raiol, 15 de agosto de 2010]

Vamos boicotar a Globo. Basta mudarmos o canal e não assistir os jogos pela Globo. Há duas coisas que atrasaram e continuam atrasando o Brasil: a Rede Globo, com Galvão, e o Corinthians. Acho que o Galvão deve fazer curso para ser chato. Ele gora tudo. Quando ele percebe que o time vai perder, começa a arrumar desculpa. [...] Tenho vontade de bater na cara dele com chinelo Havaiana. [...]

[João Ricardo, 7 de julho de 2010]

[...] Fora, Rede Globo, fora, Galvão Bueno, que com certeza o nosso país viverá mais feliz!!!!!!!!!!!!!!!!

[Julio Cesar, 6 de julho de 2010]

Aproveitando o cala a boca pra esse mala do Galvão Bueno, gostaria de conclamar os demais visitantes a iniciar também um CALA A BOCA, FAUSTÃO. Aquele cara lá dá azia em Sonrisal...

[Regis, 5 de julho de 2010]

A culpa é do Galvão... nossa são litros de baba em cima de alguns jogadores. Do mesmo jeito na Fórmula 1, baba baba baba o Massa ou o Rubinho e o que acontece? Hum???? escorregam na baba enquanto ele nada em dinheiro!!! As narrações são um saco, nossa, como ele é um poço de história, sabe tudo de todos os jogos, de todas as épocas, de todos os jogadores, de todas as corridas, de todos os pilotos... Nossa! Como cansa!!! No mesmo bonde vão o Jô Soares, o Faustão.

[Helen, 4 de julho de 2010]

Agora sim ele tá começando a ficar rouco. Quem sabe um dia sem Galvão e um dia sem Globo. É coisa linda de deus.

[Lucas Galland, 2 de julho de 2010]

A pilhéria internacional repercute nos estádios de futebol. No primeiro jogo da Copa do Mundo em Johannesburgo, a torcida na arquibancada do Ellis Park desenrola para as câmeras do mundo inteiro, uma grande faixa com os dizeres "Cala a boca, Galvão", retirada com menos de dois minutos de jogo. No Brasil, numa linguagem menos comportada que a do *Twitter*, 50 mil torcedores bradam em coro no estádio Olímpico (RS): "Ei, Galvão, vai tomar no cu"[32]. O grito da torcida é captado pelo microfone da Globo no momento mesmo em que Galvão, visivelmente constrangido, explica ao telespectador uma promoção qualquer da indústria do futebol. "Coisa linda de Deus"? Momento catártico dos homens! O controle discursivo dos senhores da indústria, o poder de quem fala sobre quem ouve, o "monopólio da fala" (Sodré) é rompido por alguns instantes. A massa de receptores condenados

---

[32] Disponível em: http://www.youtube.com/watch?v=hUPB587-QSA. O mesmo fenômeno se repete no Maracanã e em outros estádios. Veja-se, como exemplo, http://www.youtube.com/watch?v=4j_5ZjUA2Hk&NR=1.

ao silêncio pelos meios de informação, impossibilitados de darem respostas pela relação informativa centralizada, tecnologizada, grita pelos sensíveis microfones da Globo para todo o país o que ela pensa que Galvão deveria fazer. Agora, sim, Galvão poderia dizer com propriedade: "Globo: a gente se vê – ou se ouve – por aqui".

A expressão oral das massas pode ser sufocada, esvaziada, induzida, mas não se pode impedir os homens e mulheres de conversarem, trocarem ideias, reinterpretarem os signos dominantes. No trabalho e no lazer, "eles se comunicam de formas que escapam ao controle e à supervisão diretos de seu exploradores. [...] E nesses 'espaços' criam discursos ou gêneros que expressam sensações, sentimentos, ideias, opiniões e aspirações não reconhecidas pelo discurso oficial" (McNally, 1999, p. 39). Essa fala popular que Bakhtin chamaria de carnavalizante esvazia as pretensões à universalidade da cultura oficial, lançando por terra os valores fossilizados da fala mítica, monológica, hegemônica.

Nesse caso, não se trata, certamente, de consciência de classe. Aqui, a crítica coerente ao porta-voz da Globo, ao mistificador e apaziguador da consciência popular, vem mesclada à repulsa espontânea ao "mala" prepotente, ao sabichão, ao homem dos clichês. Há nesse grito de guerra algo daquilo que Gramsci chamou de "subversivismo esporádico". Essa crítica fragmentária, não sistemática, é característica da história das classes subalternas, aliás, dos elementos marginais e periféricos destas classes, que não alcançaram a consciência de classe "para si". O "povo" sente que tem inimigos e os individualiza só empiricamente nos chamados senhores. Mas "este ódio genérico (...) não pode ser apresentado ainda como documento de consciência de classe: é apenas seu primeiro vislumbre, é apenas, precisamente, a elementar posição negativa e polêmica" (1999, v. 3, pp. 189-190). Nesse nível ideológico,

> não só não se tem consciência exata da própria personalidade histórica, como não se tem sequer consciência da personalidade histórica e dos limites precisos do próprio adversário. (As classes inferiores, estando historicamente na defensiva, não podem adquirir consciência de si a não ser por *negações*, através da consciência da personalidade e dos limites de classe do adversário.) (ibid.).

Frequentemente, no entanto, essa filosofia espontânea das massas atinge aquilo que Gramsci chamou de "senso comum crítico", enquanto manifestações criadoras e progressistas determinadas por formas e condições de vida em processo de desenvolvimento. O grito da torcida no estádio Olímpico é a resposta *possível* daquelas pessoas unidas, naquele momento, pelo mesmo sentimento. Não se trata aqui do velho *slogan* cantado nas manifestações de rua: "O povo não é bobo/abaixo a Rede Globo". O brado da torcida expressa um nível de consciência mais primário, mas que, no entanto, ao identificar em alguma medida os limites da personalidade histórica do adversário, traz em si o germe de uma filosofia das massas orgânica, coerente e sistematizada.

BIBLIOGRAFIA

ADORNO, Theodor W.; HORKHEIMER, Max. "Indústria cultural: o esclarecimento como mistificação das massas". In: ______. *Dialética do esclarecimento*. Rio de Janeiro: Zahar, 1985, pp. 113-156.

BAKHTIN, Mikhail. *Marxismo e filosofia da linguagem*. São Paulo: Hucitec, 1997.

BARTHES, Roland. *Mitologias*. São Paulo: Difel, 1980.

BENJAMIN, Walter. "O narrador. Considerações sobre a obra de Nikolai Leskov". In: ______. *Obras escolhidas: magia e técnica, arte e política*. 7. ed. São Paulo: Brasiliense, 1994, pp. 197-221.

BRANDIST, Craig. "Gramsci, Bakhtin e a semiótica da hegemonia". In: RIBEIRO, Ana Paula Goulart e SACRAMENTO, Igor (Orgs.). *Mikhail Bakhtin: linguagem, cultura e mídia*. São Carlos: Pedro e João Editores, 2010, pp. 185-210.

COUTINHO, Eduardo Granja. *Velhas histórias, memórias futuras: o sentido da tradição em Paulinho da Viola*. 2. ed. Rio de Janeiro: Editora UFRJ, 2011.

________. "Contrarrevolução impressa: jornalismo, reificação e hegemonia". In: ______; GONÇALVES, Márcio Souza. *Letra impressa: comunicação, cultura e sociedade*. Porto Alegre: Sulina, 2009, pp. 53-72.

FREIRE, Paulo. *Pedagogia do oprimido*. Rio de Janeiro: Paz e Terra, 2005.

GRAMSCI, Antonio. *Cadernos do cárcere*. Edição e tradução de Carlos Nelson Coutinho. Rio de Janeiro: Civilização Brasileira, 1999-2002, v. 1, 3, 5 e 6.

MCNALLY, David. "Língua, história e luta de classe". In: WOOD, Ellen Meiksins; FOSTER, John Bellamy. *Em defesa da história: marxismo e pós-modernismo*. Rio de Janeiro: Zahar, 1999, pp. 33-49.

MUNIZ SODRÉ:
ALEGRIA, HEGEMONIA E ARKHÉ

Alegria
Pra cantar a batucada
As morenas vão sambar
Quem samba tem alegria!

Minha gente
Era triste e amargurada
Inventou a batucada
Pra deixar de padecer
Salve o prazer, salve o prazer!

["ALEGRIA" (1937), ASSIS VALENTE E DURVAL MAIA]

Alegria e Arkhé

O pesquisador Ary Vasconcelos escreveu certa vez: "Se você tem quinze volumes para falar de toda a música popular brasileira, fique certo de que é pouco. Mas se dispõe apenas do espaço de uma palavra, nem tudo está perdido, escreva depressa: Pixinguinha". Parafraseando Ary, diríamos que um ensaio certamente não é suficiente para esgotar os muitos e complexos problemas presentes na reflexão de Muniz Sodré sobre a cultura popular, mas se tivéssemos apenas o espaço de uma palavra para sintetizar a compreensão das formas culturais negro-brasileiras em sua obra, essa palavra seria *alegria*.

Alegria que está presente no candomblé, na capoeira, nos cordões e ranchos carnavalescos, no jongo, no coco, no partido alto, na batucada, no lundu, nas cantigas de roda, no maxixe, no choro; alegria que se encontra na singularidade da flauta de Pixinguinha, no passo "miudinho" de João da Baiana, na voz grave de Clementina de Jesus, nas telas de Heitor dos Prazeres, nos versos improvisados de Aniceto, na nobreza de Paulinho da Viola, no drible de Mané Garrincha (a "alegria do povo") – naquilo que Muniz Sodré chama de cultura de *Arkhé*.

Alegria que nem sempre tem um caráter irreverente, mas que, ao contrário, é revestida de certa circunspecção, como a dos foliões da velha guarda que desfilam à frente da escola de samba, compenetrados na sua função de portadores da tradição, das raízes, da *Arkhé*. Alegria que arrebata a gente do terreiro quando ela faz ver a beleza das roupas de sua divindade; ou quando, na cadência do samba, essa gente mostra o seu valor, sua força, sua originalidade.

Alegria, que é dona do corpo; que está no canto das cabrochas, no ronco da cuíca, na harmonia do cavaquinho, no êxtase dos tambores, mas que não se expressa necessariamente nas letras das canções. Percebe-se, de fato, uma aparente contradição entre a poética do samba, muitas vezes triste e melancólica (afinal, ela se refere a uma realidade marcada pelo sofrimento), e sua forma eufórica, sua linguagem alegre, que tem a ver, diz Muniz, com a atitude da gente do samba diante da vida. Pense-se, por exemplo, na malícia graciosa e divertida com que Araci de Almeida interpreta esse outro samba de Assis Valente, "Fez bobagem" (1942), uma batucada vigorosa, empolgante, cheia de vida, cujo tema é o ciúme, a dor de cotovelo e a vontade de morrer:

Quando eu penso que outra mulher
Requebrou pra meu moreno ver
Nem dá jeito de cantar
Dá vontade de chorar
E de morrer

O aparente descompasso se explica na medida em que a alegria, esse estado de gozo de que fala Muniz, não é da ordem do racional, da representação sígnica, mas do sensível, da experiência estética e simbólica. Nesse sentido, diria ele, o samba não se define tanto pelo assunto, pelo tema, mas, sobretudo, pela maneira como se toca, com ênfase no sentimento, na alegria, no calor humano, na dinâmica de troca das rodas de samba. Essa linguagem que faz aflorar emoções incrivelmente poderosas e tenazes está associada em sua origem à *Arkhé* negra que, até hoje, impregna a visão de mundo dos negros, mulatos e brancos pobres brasileiros.

Entendendo a cultura como a maneira como um grupo humano se relaciona com o real, Muniz compreende essa *alegria frente ao real* como a característica fundamental dos cultos negros e de seus desdobramentos lúdicos.

A *alegria litúrgica* que as comunidades de *Arkhé* põem no centro de seu pensamento, de sua cosmovisão, é uma expressão do que ele chama de *regência harmônica dos afetos* – "uma sanção lúcida da vida tal e qual se manifesta, aqui e agora. Não uma sanção intelectual (...), mas corporal e concretamente ligada ao prazer constitutivo de viver" (2006, p. 204).

Muniz deixa claro que não se trata de uma pseudofelicidade, como aquela proporcionada pela cultura midiática, tecnologicamente produzida, dependente de causas e finalidades comandadas pelo mercado. Nessa, "há sensação, emoção, vertigem e promessas de felicidade – jamais alegria" (2006, p. 222). No regime descentralizado dos afetos e dos ritos comunitários, a alegria, enquanto gáudio profundo, é uma *maneira* de extravasão afetiva provocada pela concordância de todos os sentidos – reconhecível pelos sentimentos de júbilo, regozijo, gozo. Como uma "saudação" que se faz à vida, a alegria

> surge de uma temporalidade própria, diferente da cronológica, como na celebração festiva, quando a alma ganha autonomia e força diante das agruras físicas e mentais. O real não emerge aí da temporalidade abstratamente criada e controlada pelo valor que ordena o mundo do trabalho. Da singularidade das coisas, no aqui e agora do mundo, advém, álacre, a sua presença (2006, p. 204).

Nesse regime sensível em que se experimenta o vigor do tempo presente, colocam-se em primeiro plano "as relações interpessoais concretas, a experiência simbólica do mundo, o poder afetivo das palavras e ações, a potência de realização das coisas e a alegria frente ao real" (2006, p. 210). É esse sentimento do mundo, singular e concreto, que norteia a *Arkhé* negra – *o impulso inaugural da força de continuidade do grupo* – em suas práticas litúrgicas de renovação do axé e em seus desenvolvimentos lúdicos, artísticos e festivos.

Arkhé e poder

Em livros como "A verdade seduzida", "Samba, o dono do corpo", "As estratégias sensíveis" e "O terreiro e a cidade", Muniz Sodré ressalta a dimensão política da cultura de *Arkhé*, analisando a maneira como os grupos sociais subalternos – escravos e descendentes de escravos – constroem em suas comunidades uma visão de mundo capaz de se contrapor ao sistema simbólico dominante. O *terreiro*, portador material da cultura de *Arkhé*, aparece, assim, historicamente, como um espaço – ou mais propriamente um *lugar* – de resistência.

Durante a escravidão, diz Muniz, todo o poder do Estado jogava do lado da imposição de padrões civilizatórios europeus, em favor de uma "desculturação" das etnias negras. Tratava-se, para os grupos dominantes, de "quebrar as disposições gregárias que pudessem dar margem à solidariedade de grupo" (1988, p. 121). No entanto, a esse projeto cultural e suas concepções espaço-temporais entronizadas por meio de dispositivos capitalistas

> sempre se opuseram outros processos simbólicos oriundos das classes ditas subalternas, em geral caudatários de simbolizações tradicionais, pertencentes a 'espaços selvagens', onde se desenvolvem culturas de *arkhé* ('populares', costuma-se dizer). As comunidades litúrgicas conhecidas no Brasil como *terreiros* de culto constituem exemplo notável de suporte territorial para a continuidade da cultura do antigo escravo em face dos estratagemas simbólicos do senhor, daquele que pretende controlar o espaço da cidade (1988, p. 17).

"Os terreiros surgem quando a revolta armada se torna impossível", diz Muniz. Eles correspondem a uma estratégia de organização da cultura em um momento de correlação de forças extremamente desfavorável no interior da sociedade burguesa. Esses espaços sagrados eram também territórios políticos, que permitiam aos escravos e seus descendentes contarem "outras histórias sobre a essência do mundo, sobre a gênese e o destino dos homens e das coisas, logo, sobre novas possibilidades de transação com a História" (1988, p. 102). Compreendendo o *poder* como a capacidade de determinar o sentido do real, Muniz entende as liturgias e, por extensão, o samba de terreiro como "formas de poder que vêm do povo".

Diferentemente da *Arkhé* objetivada do discurso etnológico clássico, entendida como um mundo de forças místicas, acima das contingências históricas, a *Arkhé* negra "se insere na História da quotidianidade do descendente de escravo das Américas como um 'contralugar' (em face daquele produzido pela ordem hegemônica) concreto de elaboração de identidade grupal e de penetração em espaços intersticiais do bloco dirigente" (1988, p. 103).

Uma tal experiência de ritualização de origem e destino, de culto aos ancestrais, estabelece as "diferenças fundamentais para o grupo, capaz de orientá-lo no sentido de expansão, dando-lhe razões de soberania" (1988, p. 102). Isso tanto em nível dos rituais quanto da tradição cultural que reelabora, no plano da música, da dança, das expressões dramáticas, do ludismo festivo, da arte popular, as formas do patrimônio negro-brasileiro de maneira a preservar a memória e garantir a permanência de um sistema simbólico potencialmente contra-hegemônico. Como uma dimensão sagrada mobilizada politicamente pelo grupo em seu desenvolvimento histórico, a *Arkhé* fundamenta, assim, uma estratégia de organização da cultura – uma *estratégia sensível* – de constituição da subjetividade negra.

Coerção e assimilação: a resposta das oligarquias à cultura de Arkhé

Desde o final do século XIX, por meio de experiências litúrgicas associativas, às quais se juntaram instituições lúdicas (cucumbis, congadas, cordões, ranchos, festas processionais ou dramáticas), os negros criaram pequenas redes de sociabilidade, conquistando espaços de negociação social no interior do mundo burguês. Essas experiências sociolúdicas podem ser compreendidas como um desdobramento da *Arkhé*, da simbologia dos terreiros, da religião dos orixás, afinal, diz Muniz, entre os conteúdos patrimoniais valiosos guardados nos terreiros, encontravam-se não apenas o axé, os princípios cósmicos, a ética dos ancestrais, "mas também os ensinamentos do 'xirê' – os ritmos e as formas dramáticas" (1988, p. 135).

Em um primeiro momento, essas formas permaneceram ainda vinculadas ao terreiro, através dos músicos, compositores ou pessoas de influência.

> As casas gêge-nagôs dos famosos João Alabá e Cipriano Abedé eram também lugares festivos. Cada casa de culto tinha o seu bloco carnavalesco. No morro da Mangueira, destacavam-se os da Tia Fé, Tia Tomásia. Na Cidade Nova, Tia Ciata, Tia Veridiana, Tia Amélia do Aragão, Tia Perciliana e outras (Sodré, 1988, p. 135).

No entanto, ao serem assimiladas pela nascente indústria do entretenimento, a partir da segunda década do século XX, e pouco mais tarde pelo Estado nacional, essas formas negras perdem, em larga medida, aquela dimensão ritual, seu vínculo com a *Arkhé*. Incorporadas como valor de troca pelo mercado, vão deixando, progressivamente, de se constituir como uma fala – uma forma de expressão – da comunidade litúrgica.

Esse processo de assimilação ou, para empregar a expressão de Muniz, de "expropriação" da cultura negra envolveu, certamente, uma estratégia de desterritorialização, de repressão física aos espaços culturais subalternos.

Se a criação dos terreiros significou a busca de um território onde se pudesse reenraizar a *Arkhé* negra após a diáspora africana, a repressão a esses espaços e às suas formas de sociabilidade correspondia a um projeto de desagregação e desestruturação daquele sistema simbólico. É dessa forma, acossado em seus redutos pela polícia, tangido pela força da chibata, que o samba é levado a negociar um novo modo de existência no espaço público burguês.

Lembre-se que o advento da República – e o fim da escravidão – não significou uma mudança considerável nos padrões de relacionamento entre a elite e as massas. Nas primeiras décadas desse século, a resposta das oligarquias à forte presença da cultura negro-subalterna no Rio de Janeiro continuava sendo a coerção. O poder do Estado atuou no sentido de sufocar as manifestações populares de origem negra e de impor às massas padrões civilizatórios europeus. Como lembrou o sambista Donga, "o fulano da polícia pegava o outro tocando violão, este sujeito estava perdido. Perdido! Pior que comunista, muito pior. Isso que estou lhe contando é verdade. Não era brincadeira, não. O castigo era seríssimo"[33].

Se a música negra, como, de resto, o conjunto das manifestações culturais e religiosas afro-brasileiras, foi reprimida tão violentamente durante séculos, isso evidencia a sua força como forma de resistência político-cultural, portadora material da visão de mundo negra. Resistência que encontra expressão na linguagem viva, por meio da qual se afirma a *ancestralidade* do grupo e a sua permanência na história. Uma batucada não é, seguramente,

---

[33] Depoimento de Donga prestado a Hermínio Belo de Carvalho, em 1963, e citado em CABRAL, Sérgio. *As escolas de samba do Rio de Janeiro*. Rio de Janeiro: Lumiar, 1996, p. 27.

um conjunto de sons vazios de sentido: ela é a afirmação de uma cultura, de um passado, de uma memória, de uma tradição. Tradição cuja simbologia ameaça permanentemente o sistema de valores da cultura dominante.

A repressão, no entanto, não conseguiu apagar a cultura negra, como pretendiam as elites no início do século XX. Continuamente renovada, recriada, defendida e modificada, a cultura de *Arkhé* resistiu, preservando sua relação mítica com as origens. Muitas foram as formas de resistência: pela força e pela negociação. Exemplo de resistência pela força fora dado pelos quilombos ou pelos cordões carnavalescos que, mesmo sabedores da repressão policial, colocavam o seu carnaval na rua, dispostos a defender com porretes e navalhas sua "cidadania foliã" (Coutinho, 2006). Exemplo de resistência pela negociação era dado pelos mesmos cordões, que, buscando a legitimação, adotaram padrões estéticos europeus, adaptando-se ao gosto das camadas médias e altas e, com isso, garantindo o direito de desfilar na avenida sem apanhar da polícia.

Pode-se dizer que nas primeiras décadas do século XX, prevaleceu, por parte dos grupos negros, a estratégia sensível da negociação e da busca de legitimação. A atitude desse grupo social foi menos a de uma guerra frontal contra os donos do poder, que dispunham do aparato coercitivo (policial, jurídico) do que a de buscar, por meio da persuasão, a permanência de sua cultura. Diante da impossibilidade objetiva de romper radicalmente com os limites fixados pelas elites, o povo desenvolveu uma estratégia de abertura de espaços pela interação, pela *sedução*, diz Muniz Sodré. Não se tratava de atacar à força uma região física e simbolicamente obstruída, mas de trabalhar nos interstícios para preenchê-los com alternativas com vistas à continuidade de uma concepção de mundo. A despeito da repressão, os cordões, blocos e ranchos carnavalescos conquistavam, pela força da festa, pelo *jogo*, pelo encantamento, aquilo que a República não havia outorgado aos proletários – ex-escravos, brancos pobres, imigrantes: um lugar na sociedade civil.

É célebre a passagem de "Samba, o dono do corpo" em que Muniz se refere à casa de Tia Ciata como símbolo de "toda a estratégia de resistência musical à cortina de marginalização erguida contra o negro em seguida à abolição" (1998, p. 15). A casa, diz ele, continha

> os elementos ideologicamente necessários ao contato com a sociedade global: 'responsabilidade' pequeno-burguesa dos donos (o marido era profissional liberal valorizado e a esposa, uma mulata bonita e de porte gracioso); os bailes na frente da casa (já que ali se executam músicas e danças mais conhecidas, mais 'respeitáveis'), o samba (onde atuava a elite negra da ginga e do sapateado) nos fundos; também nos fundos, a batucada – terreno próprio dos negros mais velhos, onde se fazia presente o elemento religioso – bem protegida pelos biombos culturais da sala de visita (1998, p. 15).

Negociando e negaceando, a cultura negra se afirmava no espaço público branco. E dessa forma, começavam o pandeiro, o tamborim, o maxixe, o choro, o samba, o cordão, o rancho a adentrarem a avenida, os salões, os teatros, a indústria fonográfica, o palácio do presidente, a cultura das camadas médias e altas.

Na realidade, para os grupos dominantes, fracassada a estratégia da repressão, da impermeabilização cultural, não havia senão expropriar aquilo que estava sendo de fato imposto de baixo para cima, domesticar o que irrompia de forma "selvagem", ressignificar as tradições que carnavalizavam a verdade burguesa, em suma, assimilar o popular como fundamento da ideologia nacional.

Como assinala Muniz, a música negra será mais eficazmente controlada ao ser incorporada pela classe dominante como objeto da indústria dos bens simbólicos e fonte de significações nacionalistas, mobilizada pelo Estado (1998, p. 39). A partir dos anos 1930, necessitando ampliar sua base de consenso, Vargas tratou de assimilar a cultura popular de matrizes negras, de integrá-la, de ressemantizar as suas mensagens e refuncionalizar seus objetos. Na indústria fonográfica e radiofônica, as representações e práticas subalternas são reestruturadas com a finalidade de se tornarem compatíveis e colaborarem com o desenvolvimento do sistema burguês.

Essa estratégia de hegemonia, além de atender a interesses políticos e às demandas do mercado, vinha ao encontro dos anseios de uma elite social já *seduzida* que, como disse Orestes Barbosa, "vivia no sacrifício de amar o samba sem poder gozá-lo. A alta sociedade era uma grande dama apaixonada pelo seu criado esbelto, o qual para poder ser apresentado nos grandes salões, precisava somente de roupa nova e loção no cabelo" (1978, p. 47).

Alegria e contra-hegemonia

Parafraseando Mário de Andrade, poderíamos sugerir que Muniz Sodré é *trezentos*. Um desses tantos, sem prejuízo dos demais, é seguramente gramsciano, na medida em que pensa a cultura como uma arena da luta política, uma *"instância de conformação do consenso e da hegemonia"*[34]. Ainda que essa perspectiva teórica não dê conta da apreensão da cosmologia negra, do sentimento negro de pertencimento a uma comunidade transcendente, que ocupa um lugar central em sua reflexão, ela lhe permite apreender uma dimensão político-ideológica da cultura negro-subalterna, em sua relação com a cultura oficial, hegemônica. Relação que envolve apagamento, expropriação, distorção da *fala histórica* negra, mas que admite também resistência, ressignificação, reapropriação crítica e consciente das formas do passado por uma classe ou fração de classe social.

Leitor do teórico e político italiano Antonio Gramsci, Muniz compreende que "hegemonia é a imposição de valores que concorrem para a direção moral e intelectual dos indivíduos" (2008, p. 27); é o processo pelo qual as classes dominantes criam, junto à massa da população, a visão de mundo que legitima a sua dominação, obtendo o consenso espontâneo e ativo do dominado. Mas ele bem sabe que esse processo não está "isento de resistências, de conflitos, de movimentações *contra-hegemônicas*" (ibid.). O samba, nesse sentido, além de uma estratégia de sedução resultante da lógica do mito, pode ser pensado como um instrumento de hegemonia (ou contra-hegemonia), isto é, como forma de criação e expressão de uma consciência política popular.

Mas é preciso deixar claro que, para Muniz, não há uma relação direta entre *Arkhé* e contra-hegemonia, isto é, a *regência da alegria* não é, em si mesma, contra-hegemônica. Fundamentalmente porque a alegria da *Arkhé*, como foi dito, é da ordem do simbólico, do sensível; ao passo que a contra-hegemonia é da ordem da razão, do ideológico, do conhecimento. No entanto, pode-se apontar uma certa relação entre essas determinações da cultura popular de matrizes negras. Politicamente, o samba tradicional é ao

---

[34] Citação extraída de palestra proferida por Muniz Sodré, "Política e cultura afro-brasileira", na Escola de Comunicação da UFRJ, no dia 1° de novembro de 2012.

mesmo tempo uma estratégia identitária sensível e uma forma de organização da visão de mundo – ideias, significações, valores – dos grupos subalternos, expressando críticas políticas e sociais.

Trata-se, talvez, de uma relação entre o sagrado e o histórico ou entre o afeto e a política ou ainda, em termos gramscianos, entre o sentir e o conhecer. Note-se que, para Gramsci, organizar a vontade coletiva nacional-popular significa, justamente, articular o sentimento, a paixão das massas a uma forma articulada de conhecimento, a uma teoria, a uma visão de mundo. Assim diz ele: "O elemento popular 'sente', mas nem sempre compreende ou sabe; o elemento intelectual 'sabe', mas nem sempre compreende e, menos ainda, 'sente'" (1999, pp. 221-222). O intelectual orgânico popular é aquele que sabe e sente. Ele é capaz de compreender a realidade social a partir de uma perspectiva crítica, sistematizada, coerente. Ou seja, ele é um filósofo. Mas é alguém que, por estar intimamente, afetivamente, ligado à vida das camadas populares, é capaz de compreender "as paixões elementares do povo". Cabe a ele relacionar, dialeticamente, aquelas paixões com "uma concepção do mundo superior, científica e coerentemente elaborada".

Ora, o samba articula paixão e conhecimento crítico. Pense-se, por exemplo, em sambistas como Sinhô e João Nogueira, afastados no tempo, mas unidos por uma linguagem "toda-vida marginal", plena de crítica social e referência à *Arkhé*. Por meio dessa fala portadora de uma alegria mítica, os sambistas sentem-se ligados às suas origens, à sua ancestralidade, o que lhes garante a continuidade do grupo; ao mesmo tempo, por meio dessa fala, eles reelaboram, conscientemente, o passado nacional sob uma perspectiva de classe ou de fração de classe, que lhes é conveniente. O mesmo sambista (João Nogueira) que reverencia a religião dos orixás, cantando "Eu tinha o meu ponto de vista/Meu padrinho era Ogum" ("Malandro JB", de Nei Lopes), questiona abertamente a ordem hegemônica: "Os homens vão se rebelar/Dessa farsa descomunal/Vai voltar tudo ao seu lugar/Afinal" ("Força da natureza", de João Nogueira e Paulo César Pinheiro).

É mérito de Muniz Sodré ter percebido que, pela sedução e negociação, a forma cultural negro-brasileira permaneceu viva como expressão identitária. A partir dessa compreensão, poderíamos sugerir que essa *forma* de comunicação marginal é a condição de uma "fala histórica" propriamente contra-hegemônica. Em outras palavras: foi a negociação de um novo modo de existência da cultura negra que, garantindo a permanência do samba como linguagem popular, possibilitou uma fala histórica situada no nível do "senso comum crítico", isto é, de uma consciência política alternativa no âmbito do sistema burguês. Nesse sentido, a estratégia sensível da *Arkhé* tornou possível historicamente a estratégia política da contra-hegemonia, que ganhou força quando, com a modernização de nossa sociedade, o samba, superando o caráter folclórico, passou a se constituir como prática de resistência de um novo sujeito histórico: o proletariado e as camadas médias urbanas.

Assim, como cultura de *Arkhé,* o samba se define politicamente como uma estratégia de organização *simbólica* da identidade étnica negra, implicando uma negação do "tempo coercitivo, unidimensionalizado pela ética protestante do capitalismo" (1988, p. 131); enquanto instrumento de hegemonia, ele organiza uma forma de consciência político-ideológica, refazendo o passado nacional sob o ponto de vista das classes populares. A alegria da *Arkhé* aparece, portanto, como um componente inseparável da fala contra-hegemônica, "toda-vida marginal". Cosmologia e ideologia parecem, aqui, dar-se as mãos.

Nessa perspectiva, poderíamos dizer que, diferentemente daqueles que consideram a alegria do samba e do carnaval uma válvula de escape, uma *ilusão* que reflete as condições de vida de um povo miserável, Muniz compreende a alegria – a alegria que, de alguma forma, se mantém ligada ao terreiro – como um protesto contra essa miséria real, isto é, como o riso festivo da criatura oprimida. Nesse arrebatamento momentâneo, o povo se desprende das condições históricas que o oprimem e afirma uma concepção simbólica do mundo que recusa a vida danificada e reificada pelas relações mercantis.

Pai do prazer e filho da dor, como diria Caetano Veloso, o samba foi a grande *invenção* dos negros brasileiros para suportarem a violência física e simbólica da sociedade branca. Por meio dele, os descendentes de escravos não apenas obtiveram momentos catárticos, consoladores, como diria Adorno a respeito do *jazz*, mas inventaram e reinventaram sua subjetividade. Essa regência da alegria nada tinha a ver com o divertimento do circo que os romanos ofereciam, com o pão, à plebe para garantir o seu domínio. A alegria do samba, diferentemente da alegria do circo ou da mídia, possui *ancestralidade* e, ao mesmo tempo, *historicidade*, estando ligada ao momento mítico da origem do grupo e ao seu passado histórico, secular, de cativeiro, exploração, lutas e resistência.

Não se quer com isso afirmar que a etnia negra não tenha resistido pela força (*agbara*) e pela razão, mas que, pela alegria, pela invenção da batucada, ela se reconheceu e se afirmou, garantindo a continuidade do grupo numa terra violenta e hostil. Esse traço conferiu tamanha força à sua cultura – força de encantamento, sedução e axé –, que, aos brancos que desejavam o seu completo apagamento, não houve alternativa senão assimilá-la à mitologia nacionalista. A proverbial alegria do povo brasileiro tem, possivelmente, algo da *Arkhé* negra. Ocorre que, ao serem hegemonizadas, a cultura negra e aquela alegria ligada aos terreiros perderam, em larga medida, o seu caráter ritual e o seu conteúdo histórico. Incorporada pela mídia e esvaziada de sua memória, a alegria negro-brasileira já não é tanto aquele sentimento de gozo profundo e festivo: prevalece agora o riso nervoso do grotesco escatológico, submetido às leis do mercado e às exigências de reprodução do capital, como observou Muniz em *Comunicação do grotesco*. Na indústria do entretenimento, "não são os guizos da carapuça do bufão que se põem a tilintar, mas o molho de chaves da razão capitalista", lembra Adorno (1985, p. 133).

Observe-se, no entanto, que a cultura técnico-capitalista não destrói inteiramente a cultura de *Arkhé*: ela a vampiriza, aproveitando-a como matéria-prima da indústria do entretenimento. É nesse sentido que se pode pensar a apropriação do riso festivo negro pelo humor televisivo. Como diria Roland Barthes, autor caro a Muniz, essas formas não são destruídas/apagadas: são distorcidas. O que a indústria realmente destrói é a regência da alegria e a sua potencialidade contra-hegemônica, é a sua condição de fala histórica, o seu vínculo com a memória negra. Incorporados pela indústria cultural, o samba marginal deixa de expressar uma historicidade alternativa, subalterna, perdendo suas características "explosivas". Como assinala Edgar Morin, referindo-se à comercialização do *rock*, o próprio de todo esse sistema da cultura de massa é o de circunscrever a tendência dionisíaca, mas sem destruí-la; é o de abafar o subversivismo latente, de maneira a explorá-lo e integrá-lo num *star-system clássico*, descartando toda a tendência rebelde incontrolável (1965, p. 8).

Nesse processo, como vimos, a música negra tende a perder, progressivamente, suas características comunitárias, rituais. Entretanto, ao mesmo tempo em que essa fala é expropriada, esvaziada, ressignificada, hegemonizada pelas elites, permanece sendo cultivada *marginalmente* em seus redutos como expressão de uma visão de mundo subalterna, contra-hegemônica. Não apenas porque suas letras se constituem como crônicas da vida social brasileira, expressando crítica social e de costumes, mas também – e talvez isso seja mais importante para Muniz – porque essa linguagem é expressiva da *sensibilidade* negra, o que confere ao grupo identidade cultural, sentimento de pertencimento à comunidade de *Arkhé*.

Por mais desestruturante que seja o sistema de produção e representação da cultura técnico-capitalista, as formas negro-brasileiras continuam a se desenvolver fora do âmbito mercadológico, nos territórios livres da cultura negra. O samba permanece como forma de expressão das comunidades dos morros e subúrbios do Rio de Janeiro, sendo cultivado como uma linguagem viva que se renova sem romper o fio da tradição nas rodas de samba, nos botequins, nos terreiros das escolas. É no interior desses lugares paralelos, diz Muniz, à margem dos circuitos de produção da indústria cultural, que o samba pode, ainda hoje, constituir-se numa prática de resistência cultural negro-popular. Nesses espaços, onde a música se dá de "forma selvagem ou chorada (...) em oposição a fórmulas polidas prescritas pela lei do mercado" (1998, p. 58), o samba se constitui como "um instrumento efetivo de luta para a afirmação da etnia negra no quadro da vida social brasileira" (1998, p. 16); um instrumento de hegemonia, estreitamente ligado à experiência da alegria.

BIBLIOGRAFIA

ADORNO, Theodor W.; HORKHEIMER, Max. *Dialética do esclarecimento*. Rio de Janeiro: Jorge Zahar, 1985.

BARBOSA, Orestes. *Samba: sua história, seus poetas, seus músicos e seus cantores*. 2. ed. Rio de Janeiro: Funarte, 1978, p. 47.

CABRAL, Sérgio. *As escolas de samba do Rio de Janeiro*. Rio de Janeiro: Lumiar, 1996.

COUTINHO, Eduardo Granja. *Velhas histórias, memórias futuras: o sentido da tradição na obra de Paulinho da Viola*. 2. ed. Rio de Janeiro: Editora UFRJ, 2011.

______. *Os cronistas de Momo: imprensa e carnaval na Primeira República*. Rio de Janeiro: Editora UFRJ, 2006.

GRAMSCI, Antonio. *Cadernos do cárcere*. Edição e tradução de Carlos Nelson Coutinho. Rio de Janeiro: Civilização Brasileira, 1999, v. 1.

MORIN, Edgar. "On ne connaît pas la chanson". In: *Communications (Chansons et disques)*. Paris: Seuil, 1965.

SODRÉ, Muniz. *Estratégias sensíveis: afeto, mídia e política*. Petrópolis: Vozes, 2006.

______. *Samba: o dono do corpo*. 2. ed. Rio de Janeiro: Mauad, 1998.

______. *O terreiro e a cidade: a forma social negro-brasileira*. Petrópolis: Vozes, 1988.

______. *A verdade seduzida: por um conceito de cultura no Brasil*. Rio de Janeiro: Francisco Alves, 1983.

______. *A comunicação do grotesco*. Petrópolis: Vozes, 1972.

______. "O jogo contra-hegemônico do diverso". In: COUTINHO, Eduardo Granja. *Comunicação e contra-hegemonia*. Rio de Janeiro: Editora UFRJ, 2008.

[2014]

CARLOS NELSON COUTINHO E A "QUESTÃO CULTURAL" NO BRASIL

> *É evidente que Lima se propõe a criação de uma literatura [...] que conjugue indissoluvelmente a grandeza estética com um profundo espírito popular e democrático, com uma aberta tomada de posição em favor dos humilhados e ofendidos.*
>
> [CARLOS NELSON COUTINHO]

Carlos Nelson Coutinho, como se sabe, é diretamente responsável pela chegada ao Brasil, nos anos 1960, das ideias dos dois principais representantes do chamado marxismo ocidental: o húngaro György Lukács e o italiano Antonio Gramsci. Já em 1963, com apenas 20 anos, Carlos Nelson escrevia ao primeiro: "é no sentido do seu pensamento e daquele de Gramsci que a investigação marxista caminha hoje" (2005, p. 201). Desde então, essas duas matrizes teóricas foram as que mais profundamente marcaram a sua produção intelectual e, particularmente, sua reflexão sobre a cultura. Se em um primeiro momento de sua trajetória, o jovem pensador baiano funda sua crítica da cultura burguesa em uma ontologia marxista de inspiração lukacsiana – crítica que, segundo ele, "atinge um nível de generalização histórico-universal na notável e sempre atual *A destruição da razão*" (2010, p. 19) -, com o passar do tempo, esse ponto de vista será matizado pelo pensamento político-cultural de Antonio Gramsci. Podemos dizer que a articulação crítica e criadora desses dois pensadores constitui, *em que pese outras influências*, a especificidade das análises marxistas da cultura empreendidas por Carlos Nelson.

Nessa perspectiva, observa José Paulo Netto, a unidade do pensamento de Carlos Nelson se alimenta de "uma diferenciada remissão marxista: aos fundamentos estético-filosóficos e à alta cultura caberia a matriz lukacsiana, à cultura em sentido largo e à esfera estritamente política caberia a referência gramsciana" (Coutinho, 2010, p. 238). Assim, se é certo que a crítica literária realizada em seus primeiros trabalhos possui uma nítida inspiração em Lukács (mas não sem referências à teoria política de Gramsci), suas análises posteriores sobre *cultura e sociedade no Brasil*, sem abandonar o método proposto pelo pensador húngaro, incorporam decisivamente a problemática gramsciana da hegemonia, isto é, da luta pela cultura.

Essa unidade de pensamento é, segundo o próprio Carlos Nelson referindo-se a seus ensaios sobre cultura no Brasil, uma unidade de *método* e de *conteúdo*. A unidade de método parece residir no seguinte pressuposto: "só é possível entender plenamente os fenômenos artísticos e ideológicos quando eles aparecem relacionados dialeticamente com a totalidade social da qual são, simultaneamente, expressão e momentos constitutivos" (1990, p. 9). No plano do conteúdo, a unidade diz respeito ao que, segundo ele, constitui o problema central da cultura brasileira: "a escassa densidade nacional-popular de seus produtos" (ibid.), isto é, a carência de uma produção intelectual, literária e artística identificada ao universo popular e a preponderância de uma cultura "ornamental", elitista, que se revelou, sobretudo nas primeiras décadas da República, incapaz de construir uma efetiva consciência crítica entre nós. Problema que, como veremos, resulta dos processos de transformação pelo alto – "via prussiana" –, que marcaram a história brasileira, dificultando a participação popular criadora nas várias esferas do nosso ser social.

"Via prussiana" e "revolução passiva": categorias centrais da análise da cultura no Brasil

Em *Cultura e sociedade no Brasil: ensaios sobre ideias e formas* (1990), Carlos Nelson Coutinho reúne, como ele mesmo diz, os principais artigos que escreveu entre 1965 e 1989 sobre a "questão cultural" entre nós. Em todos eles, comparece a noção de transformação social "pelo alto", sem participação popular, como uma determinação histórico-genética – um condicionamento objetivo essencial – da cultura brasileira. Tanto nos artigos mais antigos, escritos sob o estímulo de Lukács até meados dos anos 1970, quanto nos mais recentes, onde a influência de Gramsci é mais nítida, Carlos Nelson parte do reconhecimento de que no Brasil, os processos de transformação social (Independência, abolição da escravatura, República, modificação do bloco de poder em 1930 e 1937 etc.) ocorreram sempre no quadro de conciliação com o atraso, seguindo aquilo que Lenin (e posteriormente Lukács) chamou de "via prussiana" e Gramsci, analisando o processo de unificação italiano (*risorgimento*), designou "revolução passiva". No Brasil, como na Itália e na Prússia (daí a expressão "via prussiana"), ao invés das velhas forças sociais serem extirpadas através de amplos movimentos populares de massa, como é característico da "via francesa", a alteração social se fez (e se faz) mediante um reformismo "pelo alto", mantendo-se marginalizadas ou reprimidas as classes e camadas sociais de baixo (1990, p. 71).

Carlos Nelson observa que, enquanto a categoria criada por Lenin se concentra prioritariamente nos aspectos infraestruturais do processo de transição para o capitalismo, a outra, gramsciana, enfoca, especificamente, as características superestruturais deste processo, em particular o momento político, revelando-se de inestimável utilidade para a compreensão do desenvolvimento da história brasileira, no qual o Estado desempenhou frequentemente o papel de principal personagem.

Lembremos que Lenin cria os conceitos de "via francesa" (ou "via clássica") e "via prussiana" tendo em vista o modo pelo qual o capitalismo resolve a questão agrária. Na forma clássica de transição para o capitalismo, a burguesia industrial se torna classe dominante a partir da sociedade civil, apropriando-se do Estado por meio de uma revolução de baixo para cima. Essa via, diz Carlos Nelson, implica uma radical transformação da estrutura. Neste caso, não só desaparecem as relações de trabalho de tipo pré-capitalista – fundadas na coerção extraeconômica –, como também deixa de existir a velha classe rural pré-capitalista, na exata medida em que desaparecem as formas econômicas em que ela se apoiava, e de cuja reprodução dependia sua própria reprodução como classe (1987, p. 8). Inversamente, pela "via prussiana", a velha propriedade agrária pré-capitalista vai se modernizando tecnologicamente, transformando-se, assim, em empresa capitalista, sem, no entanto, modificar substancialmente as relações de trabalho fundadas na coerção extraeconômica. Como ocorreu na Alemanha prussiana, a antiga classe de proprietários rurais conserva o poder de Estado e introduz, "pelo alto", através de um Estado forte e autoritário, as reformas necessárias a que o processo capitalista possa se expandir e consolidar.

A teoria gramsciana da "revolução passiva" não desconsidera, por certo, a questão econômica (2001, v. 1, pp. 298-300), mas exprime fundamentalmente o fato político da "ausência de uma iniciativa popular unitária no desenvolvimento da história italiana" (e de qualquer época complexa de transformações históricas),

> bem como o fato de que o desenvolvimento se verificou como reação das classes dominantes ao subversivismo esporádico, elementar, não orgânico, das massas populares, através de 'restaurações' que acolheram uma certa parte das exigências que vinham de baixo (Gramsci, 2001, v. 1, p. 393).

Gramsci toma o conceito emprestado de Vicenzo Cuoco e o reelabora como "critério de interpretação" do processo de modernização do Estado sem uma revolução política de tipo radical-jacobino (2000, v. 5, p. 210). Nesse processo, o Estado substitui as classes virtualmente revolucionárias, ao dirigir a luta por renovação, mantendo o sistema hegemônico e as forças de coerção militar e civil à disposição das classes dirigentes tradicionais (v. 1, pp. 298-300). É essa a estratégia retratada por Lampedusa em *O Gattopardo* e expressa emblematicamente na célebre passagem em que o jovem Tancredi diz a seu tio, o príncipe Don Fabrizio: "Se nós não estivermos presentes, eles aprontam a República. Se queremos que tudo continue como está, é preciso que tudo mude" (2007, p. 69).

Carlos Nelson, um dos primeiros pensadores brasileiros a refletir, *de forma sistemática*, sobre o processo de "revolução passiva" / "via prussiana" como um determinante da particularidade histórica da formação social brasileira, foi, provavelmente, o primeiro a analisar as repercussões culturais desse processo. Talvez possamos dizer – e essa é nossa hipótese – que essas categorias possuem determinações *diferenciadas* nos distintos *momentos* de sua análise cultural. E quando me refiro a "momentos" de sua análise não estou necessariamente utilizando o termo no sentido cronológico, mas no sentido de dimensões, níveis, aspectos da totalidade do real por ele analisados.

No sistema categorial de Lukács, assim como nos ensaios estético-filosóficos de Carlos Nelson, o conceito de "via prussiana" está associado ao caráter "intimista" da intelectualidade e à carência de uma literatura *realista*; no pensamento de Gramsci, como naquelas reflexões de Carlos Nelson sobre "cultura em sentido largo", a noção de "via prussiana" – ou, no caso, "revolução passiva" – está relacionada à inexistência de uma articulação orgânica entre os intelectuais e o povo, e ao caráter não "nacional-popular" da cultura. O mestre de várias gerações de marxistas articula essas noções com grande êxito, enriquecendo as categorias de seus próprios mestres e com elas capturando traços constitutivos fundamentais da cultura brasileira.

Nas análises culturais de Carlos Nelson, além da analogia assinalada entre os conceitos de "via prussiana" e "revolução passiva", observa-se uma complementaridade entre as noções de *realismo* e *nacional-popular*. Noções que se referem a diferentes aspectos de um mesmo tipo de produção ideológica. Ambas designam formas de consciência críticas, historicistas, humanistas, sendo que o realismo, enquanto método artístico, diz respeito à questão da verdade, da arte como forma de conhecimento, da superação da alienação humana; enquanto que o nacional-popular designa, antes, uma visão de mundo, uma vontade coletiva, uma estratégia cultural contra-hegemônica, enfim, um modo de articulação entre os intelectuais e as massas. Talvez possamos afirmar que o que uma categoria diz sobre o conhecimento artístico (verdade estética), a outra diz sobre a vontade ético-política (verdade prática). De todo modo, ambas aparecem, em sua reflexão, estreitamente relacionadas à noção de "via prussiana".

"Via prussiana", um condicionamento objetivo do antirrealismo na literatura brasileira

Em seus primeiros escritos sobre literatura, vincados pela filosofia da arte e pela estética de Lukács, Carlos Nelson assume o *realismo* como categoria central da crítica marxista, isto é, como critério fundamental para aferir até que ponto uma obra "respeitou ou não as leis objetivas que determinam o conhecimento artístico do mundo" (1967, p. 106). Nesse momento, o jovem pensador analisa expressões da "grande arte", da obra de arte *realista*, aquela que "manifesta em sua conformação singular a totalidade das determinações do reflexo estético da realidade objetiva" (1967, p. 107). O realismo é aqui entendido, evidentemente, não como uma escola literária, mas como a própria natureza da mimese artística e, portanto, como um *critério de valor* na análise filosófico-estética da literatura. Sendo a arte um modo entre outros de manifestação do reflexo da realidade, a arte realista é aquela que expressa um conhecimento verdadeiro das relações humanas essenciais e significativas. Na expressão de Lukács, a arte é a "autoconsciência do desenvolvimento da humanidade" (1970).

Nessa perspectiva, Carlos Nelson inaugura no Brasil "um novo *método* filosófico empregado no esforço de compreensão da produção ideológica em geral e particularmente da criação literária" (Konder, 1967), dedicando-se ao exame da obra de importantes autores da literatura nacional e universal. O ensaio que publica em 1965 sobre a obra romanesca de Graciliano Ramos é considerado um marco da crítica literária em nosso país. Sobre este trabalho, observou Leandro Konder:

> A análise estrutural dos romances de Graciliano Ramos [...] representa a primeira aplicação integralmente consequente dos princípios do grande pensador húngaro ao exame da ficção de um autor brasileiro de primeira grandeza. [...] [Esse estudo,] ao assumir uma dimensão criadora, não podia deixar de acarretar um autêntico enriquecimento da própria teoria lukacsiana (ibid.).

A exemplo de Lukács, que buscou compreender as objetivações estéticas húngaras e alemãs a partir do contexto histórico-social engendrado pelo caminho prussiano, Carlos Nelson sustenta que o processo de "modernização conservadora" em nosso país teve repercussões sobre a própria estrutura interna das obras literárias (personagens e situações representadas). Segundo ele, esse traço fundamental da formação histórica do Brasil é algo que "torna extremamente problemática, entre nós, a criação de autênticas obras épicas e realistas" (1990, p. 120), na medida em que afeta a representação da realidade pelos artistas, limitando a sua percepção das contradições sociais e das vias de fuga a um mundo que lhes aparece como algo dado, imutável.

Nas condições de um país semicolonial, a quase completa estagnação social gera uma dificuldade de se representar, no plano artístico, aquilo que o jovem Lukács, em "A teoria do romance", definiu como o conteúdo essencial do gênero romanesco, isto é, a contradição entre um mundo alienado e os indivíduos inconformados que lutam contra a alienação (os chamados "heróis problemáticos"). "Só uma literatura que represente esses dois momentos (...) está capacitada a reproduzir a dialética essencial da contraditória realidade moderna" (1990, p. 124). Nossa literatura, limitada pelos processos sociais que acentuaram o isolamento e a restrição dos homens ao "pequeno mundo de uma mesquinha vida privada" (1990, p. 120), não tem, com raras exceções, condições de expressar essa relação de inconformidade entre o homem e seu mundo reificado.

Na grande arte narrativa de Graciliano Ramos, contudo, essa dialética está presente. Como assinala Carlos Nelson, é precisamente essa a forma estrutural dos seus romances. Representando uma realidade fragmentada (a nossa sociedade periférica, oligárquica, com características pré-capitalistas), que desconhece um "grande mundo" comunitário,

> Graciliano representa também as lutas individuais por descobrir, no interior desse mundo alienado ou em oposição a ele, um sentido para a vida. Através da estrutura romanesca clássica, ele representa a realidade profunda – e não apenas as aparências empíricas – da sociedade brasileira (1990, p. 122).

Segundo Carlos Nelson, a capacidade de exprimir o "destino de homens concretos, socialmente determinados, vivendo em uma realidade concreta", isto é, de criar verdadeiros *tipos* humanos, faz de Graciliano a figura mais alta e representativa do movimento literário mais profundamente realista da história de nossa literatura – o romance nordestino da década de 1930 (1990, p. 118). Alcançando alto nível de universalidade estética, sua obra abarca o inteiro processo de formação da sociedade brasileira contemporânea, em suas íntimas e essenciais determinações.

O processo de transformação "pelo alto" em nossa sociedade – apreendido e elaborado em seus romances por Graciliano – tem, decerto, profundas repercussões negativas na formação e no caráter da intelectualidade brasileira. Desenvolveu-se entre os nossos literatos, praticamente desde os inícios do Brasil independente, "uma forte tendência a situar-se naquilo que Thomas Mann chamou de 'intimismo à sombra do poder'" (Coutinho, 1990, p. 71). Esse conceito, amplamente utilizado por Lukács em suas análises da literatura alemã (sempre em relação com a questão da "via prussiana"), serve a Carlos Nelson como fio condutor na compreensão de muitos problemas da história literária brasileira, especialmente o da *ornamentalidade* de nossa cultura.

O intelectual intimista, explica Carlos Nelson, é aquele que foi, de alguma forma, cooptado e já não é mais capaz de pôr em discussão "os fundamentos do poder à cuja sombra ele é livre para cultivar a própria intimidade" (1990, p. 46). Essa cooptação não o obriga necessariamente a se colocar diretamente a serviço das classes dominantes enquanto ideólogo, mas o induz

> a optar por formulações culturais anódinas, 'neutras', socialmente assépticas [...]. Se a maior parte das ideologias ou obras de arte criadas no terreno do intimismo são apologéticas, elas o são naquele sentido mediatizado que Lukács – partindo da ideia de que não existe ideologia socialmente 'inocente' – resumiu na expressão 'apologia indireta do existente'. [...] Apologia do existente *apenas* na medida em que afastam da ótica da arte ou da ciência social as contradições concretas da realidade, em que transformam o inessencial em essencial ou vice-versa, obscurecendo ou impedindo uma justa consciência dos problemas efetivos do povo-nação (1990, pp. 46-47)[35].

Atualizando aquela dupla crítica feita por Marx às unilateralidades subjetivistas e objetivistas da ideologia alemã, Carlos Nelson observa que

> o que determina os limites do 'intimismo', em última instância, é o fato de que ele capitula diante dos preconceitos ideológicos gerados espontaneamente pela 'via prussiana', ou seja, por um lado, ao subjetivismo extremado que vê nos indivíduos excepcionais as únicas forças da história, e, por outro, ao fatalismo pseudo-objetivo que amesquinha ou dissolve o papel da ação humana na criação histórica (1990, p. 72).

Essa tendência intimista se manifesta, sob formas variadas, ao longo de nossa vida cultural. Na literatura brasileira do século XIX e início do século XX, por exemplo, aqueles dois preconceitos – o subjetivismo idealista e o objetivismo abstrato – dão origem respectivamente ao romantismo e

---

[35] É possível estender a noção de "intimismo à sombra do poder" ao campo da cultura popular. Pense-se, por exemplo, nas canções sentimentais de Custódio Mesquita nos anos 1930/1940 ou nas de Roberto Carlos durante a ditadura civil-militar que, sem defender abertamente o regime, compunham a *trilha sonora* desses períodos autoritários, realizando isso que Lukács chamou de "apologia indireta do existente". Cf. COUTINHO, 2011.

ao naturalismo. O romantismo, como expressão de problemas privados e superficiais de uma subjetividade isolada, cumpre a "função social basicamente escapista de deixar na sombra as contradições sociais concretas do Brasil de então" (1990, p. 73). O naturalismo, por sua vez, "capitula diante do aspecto imediato desta estagnação [social], ao considerar a realidade que descrevia – a repressão, a alienação das mais íntimas potencialidades humanas – como algo eterno e imutável" (ibid.).

Compreendendo que a ideologia prussiana em suas diferentes vertentes é hegemônica em nossa literatura, o jovem crítico não deixa de apontar contratendências a esse fenômeno. Segundo ele, há em nossa cultura exemplos daquilo que Engels e posteriormente Lukács chamaram de "Vitórias do realismo". Além de Graciliano Ramos, Carlos Nelson identifica autores de uma tradição realista brasileira, marcada por rupturas e descontinuidades. Autores como Manuel Antônio de Almeida e Lima Barreto, que romperam com o "intimismo à sombra do poder", vinculando-se à realidade do povo-nação e contribuindo para a criação e expressão daquilo que Gramsci chamou de concepção de mundo nacional-popular.

A "revolução passiva" e o caráter não nacional-popular da cultura brasileira

Vimos que, no conjunto de seus ensaios sobre arte, cultura e sociedade no Brasil, Carlos Nelson não perde de vista as relações entre as formas de consciência e os seus condicionamentos histórico-objetivos. Desde os primeiros ensaios, o jovem filósofo aponta, pioneiramente, a partir de categorias lukacsianas, as repercussões da "via prussiana" sobre a produção intelectual brasileira. Porém, quando as formulações de Gramsci adquirem um peso maior em seu pensamento, Carlos Nelson encontra novos ângulos de abordagem da relação entre a cultura brasileira e suas determinações estruturais.

Em seu artigo "Cultura e sociedade no Brasil" (1977-79), escrito no momento em que começa a se dedicar quase que exclusivamente a temas de filosofia política e a análises do Brasil contemporâneo, Carlos Nelson analisa concretamente, a partir da teoria gramsciana do Estado ampliado, certas objetivações culturais de nossa formação histórica, notadamente a ornamentalidade da cultura brasileira e aquele fenômeno que Lukács, a partir da expressão de Mann, chamou de "intimismo à sombra do poder".

Nesse momento, sua análise envolve a consideração de que entre a estrutura econômica e as objetivações político-culturais existe uma esfera de mediações, a "sociedade civil", onde se dá a luta pela cultura. É na sociedade civil, compreendida como o conjunto das organizações responsáveis pela elaboração e/ou difusão das ideologias – mídia, escola, Igreja, partidos, sindicatos, instituições culturais etc. –, que se legitima (ou se contesta) a dominação. É lá que as classes dominantes criam, junto à massa da população, o nível cultural e moral que corresponde às necessidades de desenvolvimento das forças produtivas. E é lá também que as camadas subalternas elaboram "o seu modo de conceber o mundo e a vida em contraste com a sociedade oficial" (Gramsci, 2002, v. 6, p. 181).

No Brasil, observa Carlos Nelson, o processo de "revolução passiva" teve como consequência, justamente, o fortalecimento do Estado em sentido estrito e o enfraquecimento do "*medium* próprio da cultura" – a sociedade civil.

> Dado que o instrumento e o local da conciliação de classes sempre foi o Estado, verificou-se um fortalecimento do que Gramsci chamou de 'sociedade política' (os aparelhos burocráticos e militares que exercem a *dominação* através do executivo) em detrimento da 'sociedade civil' (do conjunto dos aparelhos ideológicos através dos quais uma classe, ou bloco de classes, luta pela *hegemonia* ou pela capacidade de dirigir o conjunto da sociedade) (1990, p. 44).

É com o conceito de sociedade civil, portanto, que Carlos Nelson enriquece sua reflexão sobre a cultura no Brasil, indicando mediações político-culturais entre o fato econômico (transição para o capitalismo "pelo alto") e o fato estritamente cultural (ornamentalidade da cultura). Sua análise ganha novas determinações – e se torna mais concreta – quando ele considera que a maneira como a "revolução passiva" condiciona uma intelectualidade apartada do povo-nação é limitando seus horizontes de possibilidades, isto é, fragilizando a sociedade civil, essa esfera cultural do Estado onde atuam os intelectuais na construção e difusão da visão de mundo dos grupos que representam.

O intimismo de nossa intelectualidade não seria, nesse sentido, uma decorrência *imediata* da "via prussiana", mas uma consequência da hipertrofia do Estado-coerção, que restringe o âmbito das *alternativas* que se colocam à ação do intelectual. Impedindo o fortalecimento da sociedade civil (*esfera material* da cultura), esse modelo de evolução política afasta o intelectual da vida cultural do país, integrando-o, em muitos casos, ao aparelho burocrático do Estado.

Temos assim um "desequilíbrio" na luta cultural: enquanto as classes dominantes encontram com relativa facilidade os seus representantes ideológicos, as camadas populares têm suas virtuais lideranças cooptadas pelos blocos de poder. Daí a dificuldade histórica desses grupos em desenvolver sua autoconsciência ideológica (Coutinho, 1990, pp. 45-46).

Referindo-se ao caso da Itália, onde a transição para o capitalismo também seguiu a forma conciliadora, conjugando o velho com o novo, Gramsci chama atenção para o fato de que, nesse país, os intelectuais não se sentem ligados ao povo (deixando de lado a retórica), não o conhecem e não percebem suas necessidades, aspirações e seus sentimentos difusos; justamente pela fragilidade da esfera material da cultura, os intelectuais são em relação ao povo algo destacado, solto no ar, ou seja, uma casta, não uma articulação – com funções orgânicas – do próprio povo (1986, p. 106).

> Falta uma identidade de concepção do mundo entre *escritores e povo*; ou seja, os sentimentos populares não são vividos como próprios pelos escritores, nem os escritores desempenham uma função educadora nacional, isto é, não se colocaram e não se colocam o problema de elaborar os sentimentos populares após tê-los revivido e deles se apropriado (1986, p. 104).

No Brasil, como na Itália, os intelectuais não contribuíram para a criação de uma cultura vinculada à realidade do povo-nação. Não produziram uma literatura aderente às necessidades mais profundas de sua época, uma literatura que refletisse o *drama da história*. Raros são os escritores em cuja obra o povo é representado numa perspectiva que não seja a das elites, os artistas que propuseram uma imagem alternativa de Brasil. Como consequência da via prussiana – e da debilidade da esfera das mediações culturais –, o povo permanece ausente não apenas do processo político, como afastado da produção literária, artística e intelectual do país.

Como observam Leandro Konder (1975) e Carlos Nelson (1976), essa separação entre os intelectuais e as camadas baixas da população gerou uma carência na vida cultural do povo brasileiro. Se este tivesse podido tomar consciência de si mesmo através de uma literatura rica em verdade artística, a compreensão que ele teria de seus problemas, de sua exata situação e de suas possibilidades concretas seria bem mais profunda e bem melhor articulada. Contudo, dizem eles, a cultura brasileira apresenta esforços para superar essa carência.

Carlos Nelson valorizou em sua ensaística escritores que contribuíram para a formação de uma autoconsciência estética brasileira. Enquanto crítico literário, refletiu sobre manifestações de nossa *alta cultura* que expressam uma visão de mundo alternativa à ideologia do "prussianismo". Mas no momento em que o foco de seus interesses se desloca da estética para a "cultura em sentido largo", outros fenômenos político-ideológicos tornam-se objeto de sua análise. É ilustrativo dessa mudança de foco um pequeno e pouco conhecido artigo, "*Nel samba il veleno popolare contro il regime*", em que, a exemplo de Gramsci, o marxista brasileiro se acerca da cultura das camadas baixas, tematizando a música do povo como forma de organização de uma cultura contra-hegemônica.

> Por sua força e vigor extraordinários, a música popular assumiu essa função de criação e expressão de uma consciência nacional-popular, aparecendo, objetivamente, como oposição democrática, no plano da cultura, às várias configurações concretas assumidas pela cultura oficial ao longo da história brasileira (1976)[36].

---

[36] Nessa perspectiva, como sustentei em dissertação coorientada por Carlos Nelson, o samba popular e comunitário aparece como uma fala histórica que constrói uma visão de mundo articulada aos interesses de grupos sociais marginalizados da sociedade. O pensador brasileiro – profundo conhecedor da música popular, diga-se de passagem – ofereceu-me o instrumental teórico para refletir sobre o samba como uma alternativa nacional-popular ao intimismo e ao "nacionalismo cultural", hegemônicos na cultura brasileira. Em encontros memoráveis, cantando sambas de Noel Rosa, Carlos Nelson fez-me ver que as canções do Poeta da Vila continham uma imagem alternativa de Brasil, uma representação da nação a partir de uma perspectiva popular. Essa dissertação, "Música popular e vida nacional: a imagem do povo na obra de Noel Rosa" (1994) foi defendida na Escola de Comunicação da UFRJ, sob a orientação de Muniz Sodré e Carlos Nelson Coutinho.

Nesse momento, evidentemente, suas preocupações são menos estéticas do que político-ideológicas. O entendimento da cultura como um campo de luta social – presente na noção marxiana, retomada por Gramsci, de que "as ideologias formam o terreno no qual os homens se movimentam, adquirem consciência de sua posição, lutam" (2001, v. 1, p. 237) – está na base de sua reflexão. Partindo do reconhecimento de que a tarefa política dos trabalhadores envolve a organização de uma nova visão de mundo – a reelaboração da memória nacional como patrimônio das camadas populares –, o comunista brasileiro dedica boa parte de seus estudos não mais à arte (em sentido estrito), mas a temas relativos à vida intelectual e moral de nossa sociedade. Certamente ele está de acordo com Gramsci quando este, discutindo o caráter não nacional-popular do povo italiano, defende a tese da necessidade do reencontro da cultura e das artes com os problemas da vida social e nacional:

> Parece evidente que devemos falar de luta por uma 'nova cultura' e não por uma 'nova arte' (em sentido imediato). [...] A arte é sempre ligada a determinada cultura; e é lutando para reformar a cultura que se chega a modificar o 'conteúdo' da arte, não de fora (pretendendo uma arte didática, de tese, moralista), mas sim de dentro, porque assim se modifica o homem inteiro, na medida em que se modificam seus sentimentos, suas concepções, bem como as relações das quais o homem é expressão necessária (Gramsci, 1986, p. 64).

Esse comentário crítico de Gramsci à estética idealista de Croce não se aplica, evidentemente, à crítica literária de Carlos Nelson dos anos 1960 e 1970. Em seus ensaios sobre literatura, o jovem lukacsiano não reivindicava apenas uma nova arte, mas uma cultura progressista, racionalista e humanista que fosse condição de uma transformação revolucionária de nossa sociedade (1966). Ele próprio faz a crítica da "arte pela arte" quando afirma que os problemas ideológicos e morais vividos pelos artistas contemporâneos – o da escolha entre obscurantismo e humanismo, entre ditadura e democracia – são também problemas artísticos e estéticos (1966, p. 94). É claro, portanto, que ao lutar por uma nova arte estava lutando por uma nova cultura. Ocorre que, em seus ensaios de juventude, a luta pela cultura – a luta concreta e efetiva contra a desumanidade e a alienação capitalista – encontra no campo estético-filosófico uma arena ideológica privilegiada. Nesse campo, trava-se a batalha entre humanismo e irracionalismo, que, segundo ele, "determina a totalidade dos problemas culturais de nosso tempo" (1966, p. 37).

No entanto, seu pensamento ganha uma nova dimensão – e nessa afirmação não está implícito nenhum juízo de valor – ao tematizar a cultura "em sentido largo". Já não se trata de buscar uma nova arte (ainda que essa seja uma arte revolucionária), mas de tornar orgânica a concepção de mundo das camadas populares. O pensador político está preocupado com a criação e difusão junto às massas humanas de novas formas de consciência historicamente necessárias ao desenvolvimento de um novo modo de produção. É de uma nova cultura, entendida aqui como totalidade da vida social, que surgirão novas concepções, valores, ideias e, enfim, um novo homem e uma nova arte.

Dentro de uma perspectiva essencialmente dialética, na tradição metodológica marxiana renovada por Lukács e Gramsci, Carlos Nelson ressalta em suas análises da cultura no Brasil os condicionamentos objetivos de nossa vida cultural, sem desconsiderar, no entanto, a importância do sujeito na organização da cultura e na transformação das circunstâncias históricas objetivas com as quais ele se defronta.

O pensador comunista compreende que o florescimento de uma cultura nacional-popular e de uma arte realista no Brasil é limitado, objetivamente, por aquele padrão de mudança social que Gramsci chamou de "revolução passiva". A transformação radical de antigas estruturas em que se apoia um Estado historicamente forte e autoritário é a condição para o fortalecimento da esfera da cultura e, consequentemente, para o reencontro da intelectualidade com os problemas concretos da vida nacional. Ao mesmo tempo, o gramsciano valoriza o momento subjetivo da totalidade social quando considera que, precisamente na sociedade civil, os homens desenvolvem as formas de consciência que orientam sua práxis na transformação das estruturas sociais. É nessa esfera de mediação cultural que os grupos populares tornam orgânicas as ideias que atuam praticamente na transformação democrática da sociedade, rompendo assim com o modelo prussiano persistente em nossa formação social. Essa percepção das mediações dialéticas entre estrutura e superestrutura faz de Carlos Nelson Coutinho – autor de análises políticas e históricas concretas – um dos mais relevantes pensadores da cultura no Brasil.

BIBLIOGRAFIA

CHAUÍ, Marilena. *Cultura e democracia*. São Paulo: Cortez, 1990.

COUTINHO, Carlos Nelson. *O estruturalismo e a miséria da razão*. 2. ed. Posfácio de José Paulo Netto. São Paulo: Expressão Popular, 2010.

______. *Lukács, Proust e Kafka: literatura e sociedade no século XX*. Rio de Janeiro: Civilização Brasileira, 2005.

______. *Gramsci: um estudo sobre seu pensamento político*. Rio de Janeiro: Campus, 1992.

______. "Os intelectuais e a organização da cultura", "Cultura e sociedade no Brasil", "O significado de Lima Barreto e nossa literatura", "Graciliano Ramos". In: COUTINHO, Carlos Nelson. *Cultura e sociedade no Brasil: ensaio sobre ideias e formas*. Belo Horizonte: Oficina de Livros, 1990.

______. *Notas sobre o conceito de "via prussiana" em Lenin*. In: ANPOCS. Rio de Janeiro, 1987.

______. [sob o pseudônimo de Jorge Gonçalves]. "Nel samba il veleno popolare contro il regime". *Realidade brasileira*. Milão, n. 4, jun. 1976.

______. *Literatura e humanismo: ensaios de crítica marxista*. Rio de Janeiro: Paz e Terra, 1967.

COUTINHO, Eduardo G. *Velhas histórias, memórias futuras*: o sentido da tradição em Paulinho da Viola. 2. ed. Rio de Janeiro: Editora UFRJ, 2011.

______. *Música popular e vida nacional: a imagem do povo na obra de Noel Rosa*. 1994. Orientação de Muniz Sodré e Carlos Nelson Coutinho. Dissertação (Programa de Pós-Graduação em Comunicação Social), Escola de Comunicação, Universidade Federal do Rio de Janeiro, 1994.

GRAMSCI, Antonio. *Cadernos do cárcere*. Rio de Janeiro: Civilização Brasileira, 2001-2002, v. 1, 5 e 6.

______. *Literatura e vida nacional*. Rio de Janeiro: Civilização Brasileira, 1986.

KONDER, Leandro [sob o pseudônimo de Lair Cordeiro]. "L'importance politique et culturelle de la musique populaire brésilienne". In: *Études brésiliennes*. Versailles, n. 2, jun. 1975.

LAMPEDUSA, Tomasi di. *O Gattopardo*. Rio de Janeiro: Bestbolso, 2007.

LUKÁCS, György. "A arte como autoconsciência do desenvolvimento da humanidade". In: ______. *Introdução a uma estética marxista: sobre a particularidade como uma categoria estética*. Rio de Janeiro: Civilização Brasileira, 1970.

VIANA, Luiz Werneck. *Liberalismo e sindicato no Brasil*. 3. ed. Rio de Janeiro: Paz e Terra, 1978.

[2012]

CONTRARREVOLUÇÃO IMPRESSA: JORNALISMO, REIFICAÇÃO E HEGEMONIA

Para José Paulo Netto

> _ *Você exagera – objetou Leiva - O jornal já prestou serviços.*
> _*Decerto... não nego... mas quando manifestação individual, quando não era coisa que desse lucro; hoje, é a mais tirânica manifestação do capitalismo e a mais terrível também... É um poder vago, sutil, impessoal, que só poucas inteligências podem colher-lhe a força e a essencial ausência da mais elementar moralidade, dos mais rudimentares sentimentos de justiça e honestidade! São grandes empresas, propriedades de venturosos donos, destinadas a lhes dar o domínio sobre as massas, em cuja linguagem falam, e a cuja inferioridade mental vão ao encontro, conduzindo os governos, os caracteres para os seus desejos inferiores, para os seus atrozes lucros burgueses... Não é fácil a um indivíduo qualquer, pobre, cheio de grandes ideias, fundar um que os combata...*
>
> [Lima Barreto, "Recordações do escrivão Isaías Caminha" , 1909]

Pode-se dizer que a resistência histórica da civilização burguesa é tributária da palavra impressa. Se no início da Europa moderna os impressos – revistas, jornais, livros, panfletos – tiveram um papel ideológico decisivo no processo revolucionário burguês, mais tarde, nos séculos XIX e XX, eles assumem a dimensão de uma força ativa na manutenção do capitalismo. Quer os compreendamos, na perspectiva gramsciana, como eficientes instrumentos responsáveis pela organização da hegemonia burguesa e obtenção do consenso dos grupos subalternos; quer os pensemos, a partir de uma leitura lukacsiana, como meios de informação que, penetrados pela estrutura das relações mercantis, reproduzem as formas de subjetividade reificadas da sociedade capitalista. Partindo da consideração de que essas perspectivas são complementares, nossa hipótese sugere que *a coisificação da consciência social tem sido, historicamente, o procedimento típico da hegemonia burguesa.*

O fetichismo na imprensa

Em suas reflexões sobre a gênese da esfera pública, Habermas observa que o caminho da imprensa, desde os seus primórdios, "se desenvolve na trilha da troca de mercadorias" (2003, p. 29). No século XIV, antes mesmo da invenção da prensa de tipos móveis, já havia um sistema de informações, por meio de correspondências privadas, orientado para o mercado. Naquele momento, com a expansão do comércio, precisava-se de dados mais precisos e frequentes sobre eventos que de algum modo afetavam a economia. Criou-se, sob a forma de pequenas empresas artesanais, uma espécie de sistema corporativo de troca de cartas comerciais (2003, p. 29). Esse sistema – mais tarde desenvolvido e aprimorado com a tecnologia do impresso – já traz, em germe, duas características da imprensa burguesa até nossos dias: ele não apenas promove, impulsiona, agiliza o intercâmbio de mercadorias, como seus próprios produtos se constituem como mercadorias. "O processo de informação profissional está sujeito às mesmas leis do mercado, a cujo surgimento elas devem, sobretudo, a sua existência" (2003, p. 35).

O fato de que os meios de comunicação na sociedade moderna sejam atravessados pela lógica da mercadoria condiciona, certamente, o tipo de cultura que eles criam e expressam. Neste ensaio, pretende-se demonstrar que a cultura do impresso, identificada em larga medida à cultura do dinheiro, é marcada profundamente pela coisificação da consciência dos homens, fenômeno que o marxista húngaro György Lukács chamou de "reificação" (1974). Este fenômeno nos remete a um problema estrutural da sociedade capitalista, o problema do caráter fetichista da mercadoria.

No livro I de "O Capital", Marx esclarece que nas sociedades em que domina o modo de produção mercantil os homens se relacionam com os produtos do seu trabalho como se estes possuíssem uma existência autônoma, independente. O trabalho humano, transformado em mercadoria – quantificado, reificado, abstrato –, aparece como algo dotado de uma "objetividade fantástica"; e as próprias relações sociais que eles mesmos criam assumem a forma fantasmagórica de uma relação entre coisas. Para encontrarmos uma analogia, diz Marx, temos de nos deslocar à região nebulosa do mundo da religião. Aqui, os produtos da cabeça humana parecem figuras autônomas, dotadas de vida própria, que mantêm relação entre si próprias e com os homens. O mesmo se passa no mundo das mercadorias com os produtos da mão humana. Chamo a isto fetichismo, que se cola aos produtos do trabalho logo que eles são produzidos como mercadorias e que, por isso, é inseparável da produção de mercadorias (1985, p. 71).

Retomando a argumentação marxiana, Lukács nos mostra, em "História e consciência de classe", que quanto mais se generalizam as relações mercantis, tanto mais o fetichismo vai dominando toda a superfície da vida humana. A forma mercantil imprime sua estrutura reificada a todas as formas de objetividade, mascarando o caráter histórico da vida social, transformando o homem em elemento passivo, espectador de suas próprias faculdades objetificadas e coisificadas. O fenômeno geral que resulta em demagogias e palavrório na esfera política, em normas burocráticas na esfera jurídica e em fórmulas artísticas na indústria cultural, invade todas as esferas da existência do homem, penetrando até as raízes de sua vida pessoal[37]. Segundo Lukács,

> esta estrutura evidencia-se, sob os seus traços mais grotescos, no jornalismo, onde a própria subjetividade, ou seja, o temperamento, a faculdade de expressão se convertem num mecanismo abstrato, independente tanto da personalidade do 'proprietário' como da essência material e concreta dos assuntos tratados, que se movimenta segundo leis que lhe são próprias. A 'falta de convicção' dos jornalistas, a prostituição das suas experiências e das suas convicções pessoais só é compreensível como ponto culminante da reificação capitalista (1974, p. 115).

Note-se, contudo que, o fetichismo na imprensa não se limita ao fato de que o jornalista, enquanto *produtor*, "vendedor de suas capacidades espirituais coisificadas (...), adota uma atitude contemplativa em relação ao funcionamento de suas

---

[37] Esse fenômeno é particularmente nítido numa instituição como a bolsa de valores, onde as ações sobem e descem como se tivessem vida autônoma. O próprio discurso jornalístico sobre o mercado financeiro reflete essa objetividade fantasmagórica: "crise no mercado *assusta* investidores", "queda das ações gera *pânico* nos mercados" etc.

próprias faculdades objetivadas" (1974, p. 115). Também o leitor, o *consumidor* de jornais – enquanto parte constitutiva do homem social – se depara com objetos e relações sociais desfigurados em sua objetividade pelo seu caráter mercantil. Parafraseando Adorno: os consumidores de jornais não percebem que o prestígio, o poder, a influência de uma folha refletem, de alguma maneira, aquilo que se paga no mercado por ela. O consumidor participa da criação desse poder, que ele coisifica e aceita como critério objetivo, porém sem se reconhecer nele[38].

O caráter fetichista da imprensa burguesa se expressa, necessariamente, na ideologia que ela constrói e veicula. Cristalizando em representações as relações materiais reificadas, a grande imprensa apresenta as ideias particulares da classe dominante – as ideias da dominação – como, naturais, necessárias, universalmente válidas. A "naturalidade" – e o poder – dessas ideias provém do fato de que elas confirmam para os indivíduos as inversões práticas que eles vivenciam em suas relações sociais. Se os homens não se reconhecem no produto de seu trabalho, também suas ideias lhes aparecem sob a forma de coisas: naturais, transcendentes. Como observou Mészáros, a ideologia possui uma *afinidade estrutural* com a forma mercantil (1996, p. 527). Daí, aliás, a vantagem da burguesia na luta pela cultura: suas ideias estão em sintonia com as relações materiais dominantes e com a estrutura de consciência que esta produz.

Mas se é verdade, como diz Lukács, que a generalização das relações mercantis produziu uma estrutura reificada de consciência, unitária, para toda a sociedade, é preciso considerar, dialeticamente, que quem organiza e dá forma a essa consciência são os sujeitos. São os homens que, pela comunicação, criam e expressam as ideologias que agem ética e politicamente na transformação da história; são os intelectuais que, por meio de instrumentos de hegemonia, organizam a cultura, ainda que esta seja condicionada pela forma mercantil.

Nesse sentido, trata-se de pensar a importância dos aparelhos de hegemonia, notadamente dos impressos, na organização das ideias historicamente necessárias ao desenvolvimento do capital e à *conservação* das relações capitalistas; mostrar que, como portadores materiais da hegemonia, os meios

---

[38] Em "O fetichismo na música e a regressão da audição", Adorno mostra como a relação entre os ouvintes e a música de consumo é também uma relação reificada. Os consumidores de música, diz ele, parecem se esquecer de que o sucesso e o estrelato são, na verdade, produzidos por eles próprios. (Cf. BENJAMIN *et al.*, 1983, p. 173).

impressos contribuíram, decisivamente, na era industrial clássica, para a criação das condições subjetivas da contrarrevolução burguesa. Não se desconsidera, contudo, o fato de que jornais, revistas, livros, panfletos, mobilizados por grupos subalternos, fossem capazes de se contrapor ao fenômeno da reificação, criando e difundindo uma consciência humanista, historicista e dialética ou, como diria Gramsci, organizando a visão de mundo desses grupos, como importantes instrumentos de contra-hegemonia.

Para o aprofundamento da questão, é necessário um retorno ao período das revoluções liberais, quando a imprensa surge como porta-voz da opinião pública ou, ainda em termos gramscianos, quando os impressos despontam como importantes aparelhos de persuasão e busca do consenso no âmbito da nascente sociedade civil.

Impressos, Luzes e lucro

O jornalismo assumiu um caráter inequivocamente político no século XVIII, quando teve um papel central na estruturação daquilo que Habermas chamou de "esfera pública burguesa". Como expressão de um público que pensa politicamente, a imprensa periódica – revistas de crítica artística e literária, publicações moralistas etc. – esteve associada ao aparecimento e difusão da argumentação crítica de uma classe revolucionária.

Segundo Habermas, criticado por oferecer um relatório utópico daquele século[39], a imprensa iluminista se desenvolvia a partir da mobilização do público, de baixo para cima: era por inteiro uma instituição desse público, expressão de sua racionalidade crítica. Em suas investigações, o frankfurtiano tardio não considera o caráter manipulatório da empresa editorial burguesa, nem o quanto esta, por mais revolucionária que fosse à época, era atravessada e orientada pela lógica do capital. Embora compreenda que "a imprensa se torna manipulável à medida que ela se comercializa", funcionando como um "pórtico de entrada de privilegiados interesses privados na esfera pública" (2003, pp. 217-218), Habermas sustenta que, *naquele momento*, a consciência política preponderava sobre o espírito do lucro.

39 Cf. BURKE, 2004, p. 80.

> A intenção de obter lucros econômicos através de tais empreendimentos caiu geralmente para um segundo plano, indo contra todas as regras de rentabilidade. O impulso pedagógico, depois o impulso cada vez mais político, podia ser financiado, por assim dizer, através da falência. Na Inglaterra, jornais e revistas dessa espécie eram com frequência *o cavalo de batalha da aristocracia do dinheiro* (2003, p. 214, grifos meus).

No entanto, é preciso relativizar essa suposta autonomia da imprensa em relação às leis e à ideologia do mercado. Ainda que, em boa parte desses periódicos, o impulso pedagógico e político predominasse sobre o empreendimento capitalista, não parece plausível que, no conjunto da imprensa burguesa, o espírito do lucro fosse assim tão secundário. Robert Darnton, em seu livro *Edição e sedição*, analisando especificamente o mercado de livros, nos mostra como, já nesse momento, editores, tipógrafos, livreiros e mascates, responsáveis pela produção e circulação dos livros "filosóficos" (sediciosos), esforçavam-se por fazer dinheiro "como quaisquer homens de negócios" (1992, p. 40). O livro era "apenas uma mercadoria", diz ele (1992, p. 124).

> Para todos os homens do livro no século XVIII, o princípio que governa seu mundo, desde a escolha do texto pelo editor até o recebimento do dinheiro pelos varejistas, é, axiomaticamente, o desejo do lucro. Estão persuadidos de que o livro – legal ou proibido – participa de um sistema simples no qual a qualidade física e o conteúdo intelectual da mercadoria só devem ser privilegiados na medida em que aumentem os ganhos (1992, p. 125).

Em *O iluminismo como negócio*, Darnton observa que, irrefreados por escrúpulos de consciência, os próprios editores da *Enciclopédia*, obra máxima do iluminismo, foram "o epítome da fase da história econômica em que as pilhagens figuravam na ordem do dia – o *booty capitalism*" (1996, p. 16). Tais profissionais, não eram movidos, certamente, pela compreensão de que os impressos expressavam o primado da Razão crítica sobre as crenças religiosas e as estruturas políticas do Antigo Regime. As ideias que os moviam eram bem outras – burguesas, mas não iluministas. "O amor ao dinheiro e o atrativo do lucro talvez sejam, eles próprios, uma forma de ideologia, ligada ao surgimento e ao início de uma economia capitalista de mercado" (Darnton, 1992, p. 126).

Desenvolvendo-se no contexto de mercadização da cultura, de universalização da forma mercantil, a ideologia emancipatória do iluminismo trazia em si o germe da racionalidade burguesa, instrumental. Como assinalaram Adorno e Horkheimer em célebre ensaio (1985), a Razão iluminista produziria o seu oposto, fundamentalmente porque estava ligada ao princípio da troca, nos termos do qual tudo era reduzido a um equivalente abstrato de tudo, a serviço da troca universal. Identificada à lógica do capitalismo, ela seria responsável pela imposição crescente de critérios quantificadores, pela supressão da subjetividade, da heterogeneidade e, em última análise, pela reificação da humanidade.

Trata-se, portanto, de perceber que os periódicos burgueses – muitos deles patrocinados pela "aristocracia do dinheiro" – expressavam os interesses econômicos de uma classe ou fração de classe que aspirava ao poder. Não ter levado em consideração a correlação de forças no interior da esfera pública, nem a existência de grupos excluídos dos debates políticos – a plebe – impede que Habermas identifique o caráter manipulatório da imprensa já no século XVIII. Um jornal burguês tendia, evidentemente, a representar o mundo a partir da perspectiva da burguesia em ascensão em detrimento de seus aliados conjunturais. O filósofo parece não se dar conta de que a imprensa, naquela fase, não era apenas um meio de libertação e luta contra o poder feudal, mas também de mistificação e organização da ideologia do mercado.

Ilusões perdidas

A partir do momento em que a burguesia se consolida como classe dominante, a imprensa pode abandonar a sua posição polêmica e se realizar plenamente como empresa capitalista, visando abertamente ao lucro e ao poder. Nesse momento, o espírito do capitalismo, que já rondava a produção e circulação dos impressos (ainda que ofuscado pelo espírito das luzes) apodera-se efetivamente do jornalismo e da literatura, emprestando seu caráter fantasmagórico às relações e aos produtos editoriais. Agora, boa parte do espaço do jornal passa a ser preenchida por anúncios comerciais. A outra parte, reservada à redação, tem como função valorizar financeiramente o espaço desses anúncios. Seria ingenuidade, portanto, imaginar que as leis do mercado não condicionam também o conteúdo propriamente jornalístico dos jornais e revistas, penetrando na substância das matérias, "tornando-se imanentes a elas como leis estruturais" (Habermas, 2003, p. 195).

Na Inglaterra, na França e nos EUA, a passagem da imprensa politizante para a chamada imprensa comercial começa a se dar mais ou menos nos anos 30 do século XIX, quando já se configuram as feições de uma imprensa de massas. (Por essa época, os jornais atingiam tiragens de 100 mil, 200 mil exemplares.)

Esse processo de mercadização da cultura foi representado na própria literatura por um dos maiores escritores da primeira metade do século de XIX – Honoré de Balzac (1799-1850). Seu romance *Ilusões perdidas*, escrito entre 1835 e 1843, mostra como a literatura, o espírito, o talento, as opiniões, a crítica, a consciência, o sentimento lírico reduzem-se, nesse momento de generalização das relações capitalistas, a simples valor de troca. Como observou Lukács, em conhecido ensaio sobre o realismo de Balzac, essa é uma obra que trata da "capitalização do espírito".

> Balzac retrata esse processo de transformação da literatura em objeto de troca em toda a sua complexidade: do papel às convicções, às ideias, aos sentimentos dos escritores, tudo se transforma em mercadoria. E não se limita a definir genericamente as consequências ideológicas do predomínio do capitalismo, mas revela em cada campo (jornais, teatro, editores) o processo concreto e os fatores determinantes da capitalização (Lukács, 1968, p. 104).

A história de *Ilusões perdidas* se passa sob a Restauração, no fim do período heroico da revolução burguesa na França, quando "o sol do humanismo revolucionário da burguesia já havia se posto" (Lukács, 1968, p. 103) e as ideias sociais batiam em retirada ante a marcha triunfal do capitalismo. Como um dos instrumentos responsáveis pela criação e expressão das *novas* ideias e valores, a imprensa industrial promovia "o ajustamento das consciências à forma do capital, à lei mercantil do valor" (Sodré, 1990, p. 78). Balzac descreve os subterrâneos do jornalismo, visto, desde então, como um antro de corrupção, venalidade, clientelismo, subserviência e chantagem.

Relembremos uma passagem desse formidável romance de Balzac. Lucien de Rubempré é um jovem e talentoso escritor da província que vai a Paris em busca de fama e glória. Sendo, inicialmente, desprezado pela aristocracia parisiense, o filho de farmacêutico é acolhido por um grupo de intelectuais pobres que, sem nenhum apreço pelas relações mercantis, colocam seus princípios – a lealdade, a amizade desinteressada, o trabalho árduo – acima dos valores dominantes no mundo literário. Mas logo Lucien é seduzido pelo brilho da vida jornalística e pelo "fatal poder da imprensa", afastando-se de seus companheiros de "cenáculo". Estes ainda lhe advertem:

> o jornalismo é um inferno, um abismo de iniquidades, mentiras, traições, que ninguém pode atravessar, de onde ninguém pode sair puro, a não ser protegido pelos divinos louros de Virgílio, como Dante. [...] A amizade perdoa os erros, os gestos irrefletidos da paixão; mas deve ser implacável com a decisão firme de mercadejar a alma, o intelecto e o pensamento (2007, p. 218).

Tendo seu livro de poesias recusado por Dauriat, dono de uma grande editora, Lucien é aconselhado por seu preceptor na imprensa, Étienne Lousteau: "Fique calmo, aceite os homens como são: instrumentos. Quer desforra?". O poeta quer. Lousteau, então, lhe sugere escrever uma crítica arrasadora de um livro que acaba de ser publicado por Dauriat, o livro de Nathan. "Mas o que se pode dizer contra esse livro? Ele é bom", afirmou Lucien. "Aprenda o seu ofício – disse Lousteau, rindo. – Mesmo que o livro seja uma obra-prima, com uma penada você pode transformá-lo numa tremenda bobagem, numa obra perigosa e nociva" (2007, p. 335). Lucien demonstra ter aptidão para o ofício. Escreve um artigo demolidor sobre a obra de Nathan e obtém a rendição do livreiro Dauriat, que além de lhe pagar uma grande soma pelo seu livro de poesias, encomenda-lhe críticas favoráveis aos livros de sua editora. Instigado pelos colegas jornalistas, Lucien escreve um novo artigo, este elogioso, sobre o mesmo livro de Nathan, com o qual ganharia cem francos de Dauriat. E mais outro, com uma terceira assinatura, criticando os dois artigos anteriores e afirmando que "a obra de Nathan é o melhor livro de todos os tempos. (...) Terá ganho 400 francos na semana, além do prazer de escrever a verdade em algum lugar" (2007, p. 354)[40].

[40] Igualmente ilustrativa da falta de convicção dos jornalistas e do caráter reificado das relações que se estabelecem na imprensa é uma anedota que se conta a respeito do jornalista brasileiro Alcindo Guanabara (1865-1918). Diz-se que quando trabalhava no *Jornal do Comércio*, o ilustre jornalista, encarregado de escrever uma matéria sobre a Semana Santa, teria perguntado ao gerente do jornal: "Contra ou a favor de Cristo? Se contra, o preço é mais caro por ser assunto mais difícil em um país católico". (Cf. Sodré, 1983, p. 350). Não se sabe se a anedota é verídica, mas o que importa é que, assim como o episódio narrado por Balzac, traduz uma relação real dominante na imprensa burguesa.

Essa "ignominiosa prostituição" dos homens de letras, como diria Lukács, é defendida e justificada por um dos personagens do romance, o jornalista Félicien Vernou. Tipificando o intelectual que arrenda o seu intelecto, Vernou explica ao protagonista que no meio jornalístico não se precisa ter escrúpulos, porque o jornalismo é um negócio: "Nós somos mercadores de frases e vivemos do nosso comércio. (...) Artigo, que é lido hoje e esquecido amanhã, é coisa que, na minha opinião, vale só o que pagam por ele" (Balzac, 2007, p. 351).

Como produto do trabalho coisificado de intelectuais, este jornalismo negocista tende a ser consumido pelos leitores de forma também reificada, como um bem fungível, descartável. Evidentemente, a problemática da mistificação das massas ainda não está presente em *Ilusões perdidas*. Neste romance, Balzac tematiza a produção e não tanto o consumo ou a recepção das mercadorias da nascente indústria dos bens simbólicos. Talvez porque o impacto alienante dos impressos sobre o público ainda não houvesse se revelado nitidamente, como ocorreria por volta de 1870. No entanto, o autor nos oferece alguns elementos para pensar os primórdios da cultura da mídia, sugerindo, por exemplo, que havia um público que consumia um tipo de artigo que era para ser "lido hoje e esquecido amanhã". Em interessante monografia intitulada *Os jornalistas*, Balzac nos fala algo mais sobre o caráter fetichista da relação dos leitores com os seus jornais. Relação compreensível apenas, diria Lukács, como ponto culminante da reificação capitalista.

> Talvez os assinantes sejam mais inexplicáveis que os jornais e que os jornalistas. Os assinantes veem seus jornais mudarem de ódios, cheios de indulgência por tais homens políticos contra os quais abriam fogo todos os dias, louvando hoje o que depreciavam ontem, aliando-se com aqueles seus confrades contra quem boxeavam na véspera ou no ano passado, defendendo teses absurdas, eles continuam a lê-los, a assinar com uma intrepidez de abnegação que não se compreenderia de homem a homem (2004, p. 165).

A resistência histórica do capitalismo

O ano de 1848 assinala o que Lukács chamou de "decadência ideológica da burguesia". Este é o momento em que, sob a ameaça das barricadas operárias, a universalidade racional das ideias liberais, cedia lugar, definitivamente, à universalidade abstrata da ideologia burguesa. O ideário democrático concretizava-se, então, como farsa, por meio de uma limitada e controlada participação das massas na esfera pública burguesa. E o próprio ideal de liberdade de imprensa, de livre manifestação das ideias, uma velha bandeira da burguesia, realizou-se, finalmente, mas de forma distorcida, com a massificação dos impressos, que assumiam uma função mistificadora, apaziguadora, a serviço da ordem. Na prática, a liberdade de imprensa reduzia-se à liberdade de expressão do capital. Agora, os Estados poderão levantar antigas restrições à produção e circulação dos jornais, uma vez que, como observa Peter Burke, as massas "recorriam à imprensa mais por diversão – e mesmo como escape – do que para obter informação e conhecimento – ou poesia" (2004, p. 204). Os trabalhadores mais articulados perceberam que a massificação dos impressos, longe de representar uma ampliação das formas de expressão popular, significava o alargamento do público consumidor das folhas burguesas e de sua ideologia.

Se antes os impressos eram, fundamentalmente, o meio pelo qual a burguesia falava a si mesma, tomava consciência de si como classe revolucionária, agora eles contribuem para impedir que os grupos subalternos, carentes de meios de produção espiritual, se reconheçam como sujeito histórico. Enquanto público, esses grupos participam passivamente da comunicação de massa, tendo sua opinião modelada, seus interesses desviados. Os impressos se constituem, assim, como *uma força decisiva na defesa ideológica do modo de produção de mercadorias*.

Esse significado histórico dos impressos poderá ser melhor avaliado se tivermos em mente aquela questão fundamental que Gramsci desenvolve nos *Cadernos do cárcere*: *o que torna a civilização burguesa tão resistente?* Ou, em outras palavras: por que a revolução mundial dos trabalhadores não aconteceu após a I Guerra, quando parecia iminente?

Gramsci percebeu que, nas sociedades capitalistas desenvolvidas ("sociedades de tipo ocidental"), a dominação coercitiva é complementada por relações de direção político-ideológica, que ocorrem no interior da sociedade civil. Por meio dos aparelhos privados de hegemonia – imprensa, escola, Igreja, partido, sindicato etc. –, os grupos dominantes tornam-se dirigentes, isto é, exercem sua hegemonia sobre o conjunto da sociedade, assegurando o consenso ativo dos dominados. A sociedade civil, essa esfera de poder que surge com as revoluções liberais, aparece, assim, como uma estrutura muito complexa e resistente, capaz de dar sustentação ao Estado burguês em momentos de crise, absorvendo e amortecendo as "irrupções catastróficas" tanto do elemento político (contestações, pressões, revoltas) quanto do elemento econômico imediato (crises, depressões etc.). As classes subalternas, para conquistar o poder, deverão ser capazes de criar e difundir sua própria visão de mundo – as formas de consciência adequadas ao desenvolvimento de um novo modo de produção. Será necessário travar uma batalha pelas ideias, pela cultura no âmbito da sociedade civil. Ocorre que esta esfera se encontra hegemonizada pela burguesia, que tem o controle dos mais eficazes aparelhos de hegemonia.

Ocupando um lugar de destaque na sociedade civil, a imprensa é, até o surgimento do rádio, a mais importante daquelas trincheiras e fortificações ideológicas que protegem o aparelho de Estado do impacto das crises político-econômicas nas sociedades modernas. A despeito da enorme insatisfação existente na sociedade capitalista, os impressos e os demais instrumentos burgueses de persuasão garantem as relações de produção e propriedade, criando e recriando o consenso necessário à dominação do capital.

Seria interessante confrontarmos essa tese de Gramsci sobre a resistência do sistema capitalista com a proposição de inspiração lukacsiana, segundo a qual

> a manutenção funcional do capitalismo tardio tem o seu elemento axial na reificação das relações sociais; é a reificação [...] que engendra a resistência histórica desse sistema cuja falência global a crítica teórica vem anunciando há muito (Netto, 1981, p. 16).

Se considerarmos a questão relacionando essas duas perspectivas, perceberemos que a resistência da ordem burguesa possui duas determinações fundamentais, dialeticamente articuladas: uma determinação estrutural que diz respeito à reificação do trabalho e da consciência dos homens na sociedade mercantil; e outra, propriamente ideológica, que tem a ver com a capacidade da classe capitalista difundir sua visão de mundo ao conjunto da sociedade. Compreenderemos, portanto, que a *eficácia* da imprensa burguesa como instrumento de hegemonia se deve, fundamentalmente, ao fato de que ela cria e veicula uma visão de mundo reificada, oferecendo ao leitor, por meio de estereótipos, mitos, *faits divers*, uma representação sensacionalista, fragmentária e descontextualizada do real histórico.

Para a organização da cultura coisificada das massas, poucos métodos têm se revelado tão eficientes quanto os da *yellow press* (imprensa marrom)[41]. No último quarto do século XIX, jornais com estes métodos penetram nas grandes massas, atingindo tiragens de um milhão de exemplares. Era evidente sua estratégia hegemônica: contemplar determinadas aspirações dos grupos subalternos, de maneira a mantê-los mais firmemente sob controle; dar-lhes voz, cuidando, evidentemente, para que essa voz ecoasse a estrutura reificada da consciência social. Ao incorporar a fala das massas à cultura hegemônica, jornais como o *The World*, de Pulitzer, interpelavam-nas como sujeito, mas, no mesmo movimento, coisificavam-nas, reduziam-nas a objeto. Esse tem sido o papel da chamada grande imprensa: criar sujeitos passivos, modelar sua opinião, chamá-los a legitimar acordos políticos, mas, ao mesmo tempo, impedi-los de participar de decisões efetivas[42].

Aponta-se, nesse sentido, uma identidade entre os processos de hegemonia e reificação. A liderança intelectual e moral burguesa tem sido um processo cuja força reside, precisamente, na sua capacidade de mistificação e coisificação das consciências. Para obter o consenso ativo dos dominados, de

---

41 O nome *yellow journalism* torna-se sinônimo de imprensa sensacionalista devido à cor amarela dos quadrinhos de "The yellow kid" ("O garoto amarelo"), personagem da pioneira história em quadrinhos impressa em cores. A tira, desenhada pelo artista Richard Felton Outcault, teve sua estreia no jornal *The World*, de Joseph Pulitzer, em 1895, e, pouco depois, foi para o *New York Journal American*, de William Randolph Hearst, o magnata da imprensa norte-americana, no qual Orson Welles se inspira para criar o Cidadão Kane.

42 Na virada do século, surgem também nas folhas cariocas seções que de alguma forma acolhiam reivindicações da classe trabalhadora. Seções como "Queixas do povo", "O operariado", "Subúrbios" (*Jornal do Brasil*), "Correio operário" (*Correio da Manhã*), "Operariado" (*A Rua*), "Queixas e reclamações" (*O País*), "A voz do povo" (*Gazeta de Notícias*), sem falar nas colunas carnavalescas, em que os negros, mulatos e brancos pobres encontravam um espaço de reconhecimento do seu carnaval, livre das perseguições policiais. Cf. COUTINHO, 2006.

maneira a incorporá-los ao seu projeto de dominação, os grupos dirigentes fazem suas certas tendências e aspirações das massas, despolitizando-as porém; assimilam as falas populares, esvaziando-as de sua historicidade; apropriam-se de seus signos petrificando-os, integrando-os ao sistema de valores da cultura dominante. Pode-se dizer, portanto, que *a coisificação da consciência das classes subalternas é o processo característico da hegemonia burguesa.*

Podemos concluir, na esteira das reflexões de Mészáros sobre a ideologia, que o imenso poder dos impressos na era industrial clássica não decorre apenas da esmagadora força material e do correspondente arsenal político-cultural à disposição dos grupos dominantes. O poder da hegemonia burguesa, do qual a imprensa foi talvez o principal instrumento,

> só pode prevalecer graças à vantagem da *mistificação*, por meio da qual as pessoas que sofrem as consequências da ordem estabelecida podem ser induzidas a endossar, consensualmente, valores e políticas práticas que são de fato absolutamente contrários a seus interesses vitais (Mészáros, 1996, p. 523).

De resto, cumpre ressaltar que, embora sem a mesma força e o mesmo tipo de apelo que a imprensa das elites, os impressos foram – e continuam sendo – utilizados pelos grupos subalternos na luta pela cultura, como forma de criação e expressão de uma visão de mundo contra-hegemônica. Essa imprensa alternativa, ainda que não disponha da "vantagem da mistificação", conta com a "arma da crítica", com o esforço de "desnaturalização", de historização daquilo que se impõe, ideologicamente, como uma verdade eterna. Opondo-se às ideias e valores da cultura do dinheiro, esse instrumento de contra-hegemonia expressa, certamente, uma contratendência aos fenômenos da reificação.

BIBLIOGRAFIA

ADORNO, Theodor W.; HORKHEIMER, Max. *Dialética do esclarecimento: fragmentos filosóficos*. Rio de Janeiro: Jorge Zahar Ed., 1985.

ADORNO, Theodor W. "O fetichismo na música e a regressão da audição". In:______ *et al. Textos escolhidos*. São Paulo: Abril Cultura, 1983.

BENJAMIN *et al. Textos escolhidos*. 2. ed. São Paulo: Abril Cultural, 1983, pp. 165-191.

BALZAC, Honoré de. *Ilusões perdidas*. Porto Alegre: L&PM, 2007.

______. *Os jornalistas*. Rio de Janeiro: Ediouro, 2004.

BARRETO, Lima. *Prosa seleta*. Rio de Janeiro: Nova Aguiar, 2001.

BURKE, Peter; BRIGGS, Asa. *Uma história social da mídia: de Gutenberg à internet*. Rio de Janeiro: Jorge Zahar Ed., 2004.

COUTINHO, Eduardo G. *Os cronistas de Momo: imprensa e carnaval na Primeira República*. Rio de Janeiro: Editora UFRJ, 2006.

DARNTON, Robert. *O iluminismo como negócio: história da publicação da Enciclopédia (1775-1800)*. São Paulo: Companhia das Letras, 1996.

______. *Edição e sedição: o universo da literatura clandestina no século XVIII*. São Paulo: Companhia das Letras, 1992.

GOLDMANN, Lucien. *Dialética e cultura*. Rio de Janeiro: Paz e Terra, 1979.

GRAMSCI, Antonio. *Cadernos do cárcere*. Rio de Janeiro: Civilização Brasileira, 1999, 2001e 2002, v. 3, 4 e 6.

HABERMAS, Jürgen. *Mudança estrutural da esfera pública: investigações quanto a uma categoria da sociedade burguesa*. Rio de Janeiro: Tempo Brasileiro, 2003.

LUKÁCS, György. *História e consciência de classe*. Porto: Publicações Escorpião, 1974.

______. "Balzac: Ilusões perdidas". In: ______. *Ensaios sobre literatura*. Rio de Janeiro: Civilização Brasileira, 1968, pp. 101-121.

MARX, Karl. *O Capital: crítica da economia política*. São Paulo: Nova Cultural, 1985, v. 1.

MARX, Karl; ENGELS, Friedrich. *A ideologia alemã*. São Paulo: Hucitec, 1987.

MÉSZÁROS, István. *O poder da ideologia*. São Paulo: Ensaio, 1996.

NETTO, José Paulo. *Capitalismo e reificação*. São Paulo: Ciências Humanas, 1981.

SODRÉ, Muniz. *A máquina de Narciso: televisão, indivíduo e poder no Brasil*. São Paulo: Cortez, 1990.

[2009]

"CAMBALACHE": O COLAPSO DA CIVILIZAÇÃO BURGUESA

Para Luciana,
con dos medialunas y
una melodía de arrabal.

Será que também da festa universal da morte, da perniciosa febre que ao nosso redor inflama o céu dessa noite chuvosa, surgirá um dia o amor?

[Thomas Mann]

As canções populares têm a capacidade de expressar os níveis mais profundos da realidade. Por meio dessas formas narrativas, compositores de diferentes épocas refletiram sobre si mesmos, suas condições de existência, sua história; exprimiram um conhecimento verdadeiro das relações humanas essenciais e significativas. É nesse sentido que podemos nos referir aos tangos de Enrique Santos Discépolo (1901-1951) como verdadeiras crônicas da vida social argentina naquele conturbado período histórico que Eric Hobsbawm chamou de "era da catástrofe". Dentre suas canções, que se distinguem pelo modo realista de conceber o mundo e a vida em contraste com a sociedade oficial, há uma que nos chama a atenção por transcender o momento em que foi criada – o entreguerras –, dando conta de um período mais largo. Trata-se do tango "Cambalache". Composto em 1934, quando mal havia transcorrido o primeiro terço do século, esse tango apreende, a partir de uma visão prospectiva, traços fundamentais de todo o século XX, "problemático e febril".

Criado especialmente para o filme *A alma do bandoneon* (1935, Mario Soffici), mas gravado[43] e levado ao palco do teatro de revista com grande sucesso ainda em 1934, "Cambalache" não deixa de ser um quadro da vida nacional argentina. Ainda que não faça nenhuma referência direta ao país, seus versos são uma mordaz acusação à corrupção generalizada da chamada Década Infame, que se iniciou em 1930 com um golpe de Estado contra o presidente popular Hipólito Yrigoyen e se estendeu numa sucessão de governos oligárquicos até o Golpe de 1943, que abriria caminho ao governo nacionalista de Juan Domingo Perón.

Em um contexto global de crise do capitalismo, a Década Infame foi um período marcado por fraudes eleitorais, negociatas, subserviência ao capital financeiro nacional e internacional. Pense-se no famigerado Pacto Roca-Runcimam, que garantiu a exportação de carne ao Reino Unido, em troca de importantes concessões por parte da Argentina aos monopólios e oligarquias financeiras ingleses, entre as quais a dos meios de transporte públicos da cidade de Buenos Aires. O poeta popular Henrique Discépolo retrata com aguda sensibilidade a crise moral que atravessa o seu país nesse momento específico. Seu tango possui, entretanto, uma inegável universalidade. A partir da perspectiva dos *arrabals* de Buenos Aires, Discépolo faz uma crítica muito mais ampla da corrupção e decadência do mundo burguês, lamentando desesperadamente a destruição dos valores humanistas, a miséria da razão e a coisificação das relações sociais. "Cambalache" admite, portanto, diferentes níveis de leitura: ele é a expressão de um período sombrio da vida nacional argentina, mas é também – e eis a nossa hipótese – uma reflexão sobre a crise da civilização burguesa.

43 "Cambalache" foi gravado em 1934 por Francisco Lomuto e sua orquestra típica, na voz de Fernando Diaz. Em 1935, Roberto Maida o regrava acompanhado por Canaro e sua orquestra. Em 1936, é a vez de Tânia, acompanhada por uma orquestra dirigida pelo próprio Discépolo. Das muitas versões posteriores, destacaram-se a da orquestra de Juan D'Arienzo com seu cantor Alberto Echagüe (1947) e as duas de Julio Sosa, acompanhado pelas orquestras de Armando Pontier (1958) e de Leopoldo Federico (1964). No Brasil, deixaram seus registros Caetano Veloso (1969), Ângela Rô Rô (1982), Raul Seixas (1987), numa versão de sua autoria, e Gilberto Gil (2004).

O colapso da civilização ocidental do século XIX

Para representar o século XX, Discépolo se vale da rica e sugestiva metáfora do *cambalache*, que em castelhano quer dizer bazar, loja onde se vendem objetos usados, normalmente de pouco valor. Se por um lado a imagem remete à ideia de um amontoado de velharias, por outro, sugere que o eventual valor de uso desses objetos cede lugar ao seu valor de troca no mercado. Algo semelhante acontece com os valores tradicionais nesse estágio do capitalismo. A sabedoria, a bravura, a honra, o amor, a amizade, a vida etc. são reduzidos a quinquilharias e submetidos, mais do que nunca, à lógica do lucro. Como consequência, a sociedade vive um estado de anomia, em que já não se reconhecem valores ou regras normativos de conduta ou de crença.

Nesse "Cambalache", Discépolo encontra um universo; não um "inconcebível universo" metafísico, como o Aleph de Borges, mas uma realidade histórica, o mundo posterior ao colapso da civilização burguesa do século XIX e dos valores que a mantinham de pé. "Cambalache" é o universo da política, das artes, da ciência, da religião, da moral mercadizadas, coisificadas, rebaixadas. Nele, pode-se observar a derrocada da crença iluminista eurocêntrica no progresso e na educação. Se o Aleph, ecoando o sonho faustiano, é um pequeno ponto onde o personagem de Borges vê claramente todo o espaço cósmico e contempla simultaneamente todos os atos deleitáveis ou atrozes da humanidade, o que se assiste nesse *cambalache*, é a crise de valores e perspectivas tradicionais, talvez acima de tudo, o abandono da velha crença no progresso global da razão, da ciência e da possibilidade de melhorar a condição humana.

Discépolo sabe que a história da humanidade nunca foi um idílio, mas o século XX tem esse componente que o torna ainda mais "problemático": a "crise das crenças e supostos sobre os quais se apoiava a sociedade moderna desde que os Modernos ganharam sua famosa batalha contra os Antigos, no início do século XVIII" (Hobsbawm, 1995, p. 20).

Que el mundo fue y será una porquería,
ya lo sé...
¡En el quinientos seis
y en el dos mil también!

Que siempre ha habido chorros[44]
maquiavelos y estafaos[45],
contentos y amargaos,
valores y dublés[46]*...*
Pero que el siglo veinte es un despliegue
de maldad insolente
ya no hay quien lo niegue
Vivimos revolcaos[47]
en un merengue[48]
y en un mismo lodo
todos manoseaos...

Os historiadores da música popular argentina não nos explicam, infelizmente, por que Discépolo adotou o ano de 506 como um marco na sua narrativa sobre a miséria que é a história da humanidade, o que, se por um lado dificulta a nossa análise, por outro, nos permite divagar. 506 foi o ano em que, numa matança brutal, o papado conquistou o reino visigótico arianista. Exatos mil anos depois, o conquistador espanhol Hernán Cortés chegava ao Novo Mundo em busca de ouro. Pelo Império Asteca de Montezuma, teve início, a ferro e fogo, a conquista do continente americano. Em 2000, como previu Discépolo, pouca coisa teria mudado: os homens continuariam invadindo, saqueando, matando. Nesse ano, George W. Bush seria eleito presidente dos Estados Unidos, dando continuidade à política belicista desse país com a invasão do Iraque e do Afeganistão, em busca de petróleo. Em sua

---

44 *Chorros* (lunfardo): Ladrões. "Cambalache", como a maioria dos tangos, contém várias expressões em lunfardo, o modo de falar característico das classes baixas dos arrabaldes de Buenos Aires. Essa linguagem marginal, cultivada nos *conventillos* (habitações populares), prisões, bordéis, zona portuária, incorpora e reelabora um repertório de expressões, gírias, calões trazidos, entre fins do século XIX e inícios do século XX, por imigrantes italianos, espanhóis, franceses etc. Procuramos, sempre que possível, traduzir essas expressões para o português.

45 *Estafao* (lunf.): Enganado.

46 *Dublés* (lunf.): Joias falsas.

47 *Revolcaos*: Chafurdados.

48 *Merengue* (lunf.): Confusão, desordem, mistura.

luta ensandecida por poder e riqueza, a humanidade caminha assim com total desprezo pelo bem comum, atolando a cada passo que dá em novas formas de dominação do homem pelo homem.

Houve, no entanto, entre o século XVIII e meados do XIX, um momento em que a Razão parecia apontar um caminho diferente para a humanidade; um caminho iluminado por uma ética humanista que conduziria ao progresso do gênero humano. Mobilizado por uma classe revolucionária, o conhecimento se voltava para a superação da tirania e dos resíduos do mundo feudal. Contudo, com a consolidação da burguesia como classe dominante, a Razão já não se prestava mais à libertação dos homens, mas à perpetuação e justificação teórica do existente, à dominação das massas.

Segundo Lukács, esse processo de "destruição da razão" teve como marco a revolução europeia de 1848, na qual a burguesia traiu definitivamente a causa do progresso social. Esse é o momento em que se desfez a aliança entre as classes que compunham o Terceiro Estado. Se antes a burguesia representava objetivamente os interesses da totalidade do povo, no combate ao Antigo Regime, agora "o proletariado surge na história como classe autônoma, *em-si* e *para-si*, capaz de resolver em sentido progressista as novas contradições geradas pelo capitalismo triunfante" (Coutinho, 1972, p. 8). A racionalidade humanista, da qual a nova classe se faz herdeira, passou a ser encarada pelas elites com um ceticismo cada vez maior. Como observou Marx, "a burguesia tinha uma exata noção do fato de que todas as armas que forjara contra o feudalismo voltavam seu gume agora contra ela, que todos os meios de cultura que criara rebelavam-se contra sua própria civilização" (s/d, p. 237). Foi assim que, sob a ameaça das barricadas operárias, a universalidade racional das ideias liberais, cedeu lugar à universalidade abstrata da ideologia burguesa.

O homem do povo Enrique Discépolo deparou-se com a ineludível questão formulada por Adorno: por que com o esclarecimento, com a expansão da racionalidade, a humanidade, ao invés de entrar num estado verdadeiramente humano, está se afundando em uma nova espécie de barbárie? (1985). E foi capaz de perceber criticamente o forte componente mistificador, patriarcal, instrumental da racionalidade burguesa. "Não escapam à agudeza de Discépolo as contradições do mundo capitalista, com seu poderoso progresso técnico e suas fábricas paralisadas, com sua superprodução gerando a fome, com o progresso científico coexistindo com a maior irracionalidade do sistema econômico" (Galasso, 1995, p. 80). Assim diz o compositor: "A cultura e a ciência, conquistas relevantes dessa civilização, fizeram do impossível, o realizável; e do pão, um artigo de joalheria... Se soubessem que fome existe no mundo!" (apud Galasso, p. 117). Seus tangos expressam a compreensão de que as "fantásticas demonstrações do engenho humano" se encontram submetidas a "um afã demente por conquistar dinheiro" (Galasso, p. 80).

Esta razão que perde a sua dimensão humanista, o seu compromisso com vida, reduzindo-se a uma técnica a serviço do lucro, é uma das quinquilharias, entre tantas, do *cambalache* observado por Discépolo. Se a ciência e a cultura foram aviltados, diz o compositor, não há mais diferença entre sábios e tolos. "É o mesmo um burro que um grande professor". Com esse verso, Discepolín aludia aos intelectuais de sua época, possivelmente àqueles sábios idealistas europeus, que discutiam em vão sobre o destino da "Europa que desmorona, se incendeia e começa a lhes queimar a barba" (apud Galasso, p. 117). Ou estaria se referindo ao próprio contexto argentino, em que não faltam exemplos de traições intelectuais, de sábios que se colocavam a serviço da irracionalidade do regime capitalista e ditatorial. Basta pensar no manifesto de apoio ao Golpe de 1930, escrito por Leopoldo Lugones, que começou sua vida política como socialista e terminou por apoiar o fascismo. Pouco antes do "Cambalache", o sábio escrevera: *"ha sonado otra vez, para el bien del mundo, la hora de la espada"* – frase que ficou famosa e serviria de inspiração a todos os futuros golpes argentinos.

De fato, a razão rebelava-se contra a sua própria civilização. Abandonada pelos deuses que ela mesma inventara, a civilização burguesa entrou em colapso no século XX. Mas, afinal, que civilização era essa? Quais eram mesmo as ideias e instituições que desmoronavam? Essa era a civilização burguesa liberal: capitalista na economia, liberal na estrutura legal e constitucional. Seus pressupostos políticos eram os de que o Estado e a sociedade deviam ser informados pelos valores da razão, do debate público, da educação, e da capacidade de melhoria da condição humana. Os governos, conduzidos por autoridades eleitas, com assembleias representativas, deveriam garantir o domínio da lei e um conjunto aceito de direitos e liberdades dos cidadãos, incluindo a liberdade de expressão, publicação e reunião. Esse mundo que ruía era, portanto, um mundo de crescente esclarecimento, de avanço nas ciências, nas artes, na educação, em suma, um mundo de contínuo progresso material e moral (Hobsbawm, 1995, pp. 16-20).

Foi essa forte e prestigiosa carga de crenças e valores disseminada no século XIX com a globalização da economia[49] que começou a desmoronar na Primeira Guerra, recebendo um novo e duro golpe com a crise de 1929-1933. O ceticismo e o humor amargo de "Cambalache" refletem o ânimo dos anos que se seguiram à crise financeira mundial. Pode-se dizer mesmo que é impossível compreender o significado desse tango sem se levar em conta essa determinação histórica fundamental: o impacto da Grande Depressão e o ocaso do liberalismo.

Naquele momento, em mais uma crise de superprodução capitalista, as massas de trabalhadores lançadas no desemprego agitavam-se e colocavam em xeque a ordem burguesa. Note-se, no entanto, que os revolucionários não questionavam os valores civilizacionais herdados do iluminismo, e, sim, as relações econômicas de produção baseadas na exploração do trabalho. É então que, como uma resposta à revolução dos trabalhadores, ganha força o nazifascismo em suas diversas modalidades. Será essa, assinala Hobsbawm, a principal ameaça à civilização ocidental liberal burguesa (1995).

Na América Latina, onde as finanças dos governos dependiam da exportação de poucos produtos primários, cujos preços despencaram de repente, a Depressão provocou a queda quase imediata dos governos existentes, normalmente por meio de golpes militares. Na Argentina de Discépolo não foi diferente: o presidente Hipólito Yrigoyen, que desagradava às oligarquias com sua política centralizadora, foi deposto pelo general fascista Uriburu, cujo regime autocrático utilizou, pela primeira vez e de forma sistemática, a tortura contra opositores políticos, comunistas, anarquistas e yrigoyenistas radicais. Uriburu dá início a uma série de governos ditatoriais que, ao longo da Década Infame, favoreceriam abertamente o nazifascismo. Era possível,

---

49 Com o avanço do capital industrial e do livre mercado em escala global, as elites dos países periféricos, entusiasticamente modernizantes, assimilaram, juntamente com um *corpus* de "alta cultura" universal, uma ideologia política – o liberalismo – e suas instituições, ainda que, na maioria das vezes, apenas formalmente, como "ideias fora do lugar" (Schwarz). Mesmo sociedades oligárquicas adotaram uma Constituição liberal, garantindo, supostamente, os direitos civis e, quando possível, a participação do povo comum na política dentro de limites tais que não ameaçassem a ordem social burguesa. Na Argentina, o governo democrático burguês do presidente Hipólito Yrigoyen, defensor dos direitos civis e das regras democráticas, esteve bem próximo realmente do liberalismo europeu.

assim, enxergar no tango "Cambalache", composto no ano seguinte à ascensão de Hitler, uma crítica implícita aos regimes de direita responsáveis por lançar a pá de cal no projeto iluminista que havia se tornado um estorvo para a burguesia, mas ainda era uma esperança para a humanidade.

"La vidriera irrespetosa": uma metáfora da televisão

Foi sugerido acima que as causas do desmoronamento dos valores clássicos burgueses devem ser encontradas no desenvolvimento dialético do capitalismo, cujo avanço acirra contradições, produzindo a sua própria ruína. Nesse processo, observa Hobsbawm, a civilização liberal "não poderia resistir ao triplo golpe da revolução da ciência e da tecnologia no século XX (...), da sociedade de consumo de massa gerada pela explosão do potencial das economias ocidentais, e da decisiva entrada das massas na cena política como consumidores e eleitores" (2013, p. 13). Em outras palavras, as ideias e os valores da burguesia na fase heroica do capitalismo (1789-1948) não poderiam sobreviver ao advento da sociedade de massas.

De fato, a combinação de novas tecnologias de comunicação com a ampliação do público consumidor de bens simbólicos e o alargamento daquilo que Habermas chamou de "esfera pública burguesa" haveria de implodir a cultura humanista clássica, originando a nova situação conhecida como cultura de massas, que já não é capaz de expressar os valores racionais do iluminismo, nem os da nobreza pré-capitalista e, muito menos, os ideais revolucionários do proletariado. O que ela exprime são os valores diluídos, empobrecidos, envilecidos da classe burguesa, cujos ideais revolucionários de liberdade, igualdade e fraternidade se perderam em um passado vilipendiado.

!Hoy resulta que es lo mismo
ser derecho que traidor...!
!Ignorante, sabio, chorro,
generoso o estafador[50]*!*

---

[50] *Estafador* (lunf.): Vigarista.

!Todo es igual!
!Nada es mejor!
¡Lo mismo un burro
que un gran profesor!
No hay aplazaos ni escalafón,
los inmorales nos han igualao.
Si uno vive en la impostura
y otro roba en su ambición,
da lo mismo que sea cura,
colchonero, rey de bastos,
caradura o polizón...[51]

Hoje, diz Discépolo, no "lodo" em que "chafurdamos", resulta que dá no mesmo ser correto ou traidor, generoso ou vigarista. Tanto os valores humanistas (a sabedoria, a dignidade, a honestidade), quanto os cristãos (o amor, a bondade) são rebaixados à medida que se generalizam as relações mercantis e outro valor mais alto se alevanta: o de troca. Já não há uma "escala de valores" (*escalafón*) que permita aos homens estabelecer critérios capazes de orientar sua conduta na busca da liberdade e da felicidade. E se não há escala, medida (*ratio*), "tudo é igual, nada é melhor!" É isso o que ocorre quando a cultura se submete à lógica do dinheiro, quando os homens se apropriam dos valores e objetos culturais como que de uma moeda com a qual adquirem uma posição superior na sociedade. Nesse processo, observa Hannah Arendt,

> Os valores culturais receberam o mesmo tratamento que todos os outros valores, tornaram-se valores de troca. E passando de mão em mão foram usados como velhas moedas. Perderam o poder originalmente específico de todo objeto cultural, o poder de prender nossa atenção e de nos emocionar. Quando isso aconteceu, começou-se a falar da desvalorização dos valores, e o fim do processo veio com a 'liquidação geral dos valores' (1972, pp. 261-262, tradução minha).

---

[51] Termos do lunfardo, cujo sentido exato não foi possível determinar. *Colchonero*: possivelmente é o operário que deixa o seu colchão na fábrica, pois sua jornada de trabalho é tão longa que não lhe sobra tempo para dormir em casa; *Rey de bastos*: literalmente, rei de paus, mas na cultura do tango talvez queira dizer agente de polícia; *Caradura*: cara de pau, canalha; *Polizón*: imigrante, passageiro clandestino.

Com o fim melancólico da grande tradição ocidental, ergue-se, assim, um novo cenário cultural sobre os escombros da moral, da razão e das artes burguesas. É este cenário que será contemplado por Discépolo em sua "*vidriera irrespetuosa*", sugestiva e premonitória metáfora para aquela outra *vitrine desrespeitosa* que, poucas décadas mais tarde, ocuparia um lugar privilegiado em todos os lares do planeta: a televisão.

À época do tango "Cambalache", a televisão estava ainda em fase experimental, mas começavam a florescer novos meios de comunicação que afetariam drasticamente a política, as artes, o conjunto das formas culturais no século XX. A indústria fonográfica ganhava novo impulso com a gravação elétrica, o rádio começava a ser utilizado comercial e politicamente, o cinema falado difundia em escala planetária o modo de vida norte-americano, modificando hábitos e valores tradicionais. Ao mesmo tempo em que vulgarizava o clássico europeu, a nascente indústria dos bens simbólicos mistificava o popular, regional e comunitário, assimilando e reinterpretando ambos – popular e erudito – em função dos interesses do mercado[52].

A nova situação antropológica da civilização de massa tem como traço característico a *indistinção*. Se no século XIX ainda são nítidas as fronteiras entre a nascente cultura orientada para o mercado e o conjunto de produtos e atividades de alto prestígio estabelecido como um *corpus* de cultura universal, nos tempos de Discépolo, o muro que separa o domínio cultural das elites e o das massas é derrubado, acabando, entre outras coisas, com o tradicional *status* privilegiado das "artes" na velha sociedade burguesa, quer dizer, com sua função como medida do que é bom e do que é ruim, como transmissoras de valores: verdade, beleza e catarse (Hobsbawm, 2013, p. 14). Incorporadas pela indústria do entretenimento, as artes dificilmente seriam autônomas em relação à lógica do mercado e já não poderiam expressar a "autoconsciência do desenvolvimento da humanidade", como postulou Lukács.

---

52 Em outro contexto, Noel Rosa foi capaz de perceber criticamente o impacto dos novos meios de comunicação sobre a cultura popular. Assim dizia ele: "O cinema falado é o grande culpado da transformação / Dessa gente que sente que um barracão prende mais que um xadrez" ("Não tem tradução", 1933). No febril século XX – ou no "Século do progresso", para citar um outro samba de Noel, composto curiosamente no mesmo ano de "Cambalache" –, as novas tecnologias afetaram fortemente a moral e os modos de vida tradicionais. Como cantou o Poeta da Vila, "no século do progresso, o revólver teve ingresso pra acabar com a valentia" (1934).

Com a "liquidação geral dos valores" – sejam eles estéticos, éticos, políticos – desaparece a diferença entre os ignorantes e os sábios, o falso e o verdadeiro, os morais e os imorais. Se o único valor é o dinheiro, todos se equivalem moralmente: ladrões, padres, trabalhadores, vigaristas, policiais, malandros e heróis. Para representar essa indistinção – a inexistência de uma "escala de valores morais" –, Discépolo contrasta tipos da civilização burguesa clássica do século XIX e personagens da sociedade contemporânea, tomando esses últimos das manchetes de jornal, como signos de um mundo degenerado.

!Qué falta de respeto,
qué atropello a la razón!
!Cualquiera es un señor!
!Cualquiera es un ladrón!
Mezclao con Stavisky va Don Bosco
y 'La Mignon',
Don Chicho y Napoleón,
Carnera y San Martín...
Igual que en la vidriera irrespetuosa
de los cambalaches
se ha mezclao la vida,
y herida por un sable sin remache
ves llorar la Biblia
contra un calefón...

Quem são os personagens justapostos indistintamente por Discépolo nessa *vidriera irrespetuosa*, anulando-se uns aos outros?

Stavisky: não Stravinsky, como o pronunciam alguns intérpretes, mas o vigarista – o "estafador" – de origem russa, que em 1934 protagonizou um grande escândalo financeiro na França, mantendo-se intocável graças à compra de juízes, políticos e donos de jornais.

Don Bosco: sacerdote, doutrinador e escritor do século XIX, canonizado pelo Papa Pio XI em 1934 por suas obras em países como a Argentina.

La Mignon: não se sabe ao certo o que Discépolo quis significar com *La Mignon*. O termo designa uma mulher sustentada pelo amante e talvez seja referência a personagens da literatura francesa, mas como esse nome vem ao lado de personagens reais, alguns muito em voga nos anos 1930, pode-se supor que essa *Mignon* tenha realmente existido. Quem sabe era uma daquelas atrizes que faziam tanto sucesso no teatro de revista e eram rapidamente esquecidas? Ou uma *mina* renomada dos *cabarets* portenhos, "flor de pecado", contrastando com a severidade de Don Bosco? *Si non è vero, è bene trovato*.

Don Chicho: famoso mafioso rosarino de origem italiana, chefe de uma rede envolvida com roubos, sequestros, jogos clandestinos, tráfico e prostituição; detido e processado em 1932.

Napoleão Bonaparte: o "espírito do mundo a cavalo", um dos ícones daquela civilização europeia que desmoronava, aqui contrastado com um escroque da cidade de Rosário, a "Chicago argentina".

Carnera: boxeador italiano que dedicou a conquista do bicampeonato mundial de peso pesado em 1934 a Mussolini: *"Lo hice por mí, por el Duce y por toda Italia"*.

San Martín: herói argentino que lutou com Bolívar e outros libertadores da Pátria Grande latino-americana.

Como na barafunda das lojas de quinquilharias, a comunicação de massa mescla desrespeitosamente os representantes de uma sociedade que tinha no horizonte o progresso e o melhoramento da espécie humana e os de um mundo marcado pela corrupção, pelo desrespeito às normas, pelo roubo, pela violência, pelo nacionalismo exacerbado. A cultura do mercado rebaixa inclusive a religião cristã, cujo livro sagrado se encontra ferido por um sabre ao lado de um aquecedor e outros objetos usados da modernidade. Apesar de seu repúdio a santos, missas, igrejas e padres, Discépolo sempre professou um cristianismo igualitário e fraterno, associado a uma visão de mundo claramente anticapitalista[53]. O cristianismo (não o catolicismo) é, certamente, uma das formas culturais cuja diluição e esvaziamento são deplorados pelo compositor em sua obra. Em outro tango clássico ele dirá que, neste mundo de valores corrompidos pelo dinheiro, "Jesus vale o mesmo que um ladrão" ("¿Qué vachaché?")[54].

---

[53] Em sua juventude, Discépolo era vinculado a grupos de esquerda (mais exatamente, anarquistas). Daí sua firme posição antioligárquica, que sustentou por toda a vida. Na segunda eleição de Perón, o compositor (amigo de Evita) apoia firmemente o militar (que, sem dúvida, bateu forte na oligarquia e é odiado por ela até hoje).

[54] *¿Qué vachaché?* (lunf.): O que se vai fazer? (expressão de conformidade).

O dinheiro como valor supremo

Além de compositor e músico, Enrique Discépolo foi ator, dramaturgo e cineasta. Desde os 17 anos, muito antes de compor os tangos que o tornariam conhecido nos anos 1930, Discepolín, escreveu e atuou em peças teatrais, seguindo os passos de seu irmão Armando. Com este escreveu "El organito" (1925), uma peça sobre a realidade miserável do subúrbio de Buenos Aires – a sua própria realidade. Nela, os autores expõem a impossibilidade de autênticos valores morais em uma sociedade onde a subsistência obriga os homens a abandonarem seus sonhos. Já em "El organito" aparece esse enfoque cético, sombrio, quase apocalíptico[55] que reaparecerá em "Cambalache", esse rebelar-se contra a vida, contra essa vida sem sentido danificada pelo capital. "Vai ganhando corpo a ideia de que a frustração do homem reside na entranha mesma da sociedade capitalista" (Galasso, 1995, p.49).

!Siglo veinte, cambalache
problemático y febril!...
!El que no llora no mama,
y el que no afana es un gil![56]
!Dale nomás!
!Dale que va!
!Que allá en el horno[57]
nos vamo a encontrar!
!No pienses más,
sentate a un lao,
Que a nadie importa
si naciste honrao!

---

55 "Cambalache" tem mesmo um traço apocalíptico, que se evidencia no verso *!Que allá en el horno nos vamo a encontrar!*, sugerindo que esse século nos condenará a todos – honrados e desonrados – ao inferno!

56 *Gil* (lunf.): Imbecil, otário.

57 *Horno* (lunf.): Inferno.

Es lo mismo el que labura[58]
noche y día como un buey,
que el que vive de los otros,
que el que mata, que el que cura
o está fuera de la ley.

O fato de Discépolo se mostrar hostil em relação à diluição dos valores civilizatórios é inegável. Não se trata, porém, de uma atitude elitista de recusa da "rebelião das massas". Pode-se supor que para ele – um crítico do capitalismo estreitamente ligado ao universo das classes populares – a crise da cultura não se deva à entrada do povo na cena política, mas que, ao contrário, seja o resultado da decadência da ideologia burguesa, que mistifica as massas e as mantém afastadas da política, da educação e das artes. É óbvio que o que ele critica é a massificação da cultura burguesa decadente. Seu ceticismo é a descrença de um artista do povo, vítima da fome e do fascismo. Com o tango "Cambalache" ele diz apenas que não é possível ter mais ilusões em relação a *essa* sociedade que aí está. "*Si aquí ni dios rescata lo perdido, qué querés vos? ¡Hace el favor!*" ("¿Qué vachaché?").

A crítica de Discépolo a essa sociedade de valores aviltados pode ser melhor compreendida se considerarmos o tango "Cambalache" no contexto mais amplo de sua obra. É importante entender que o tema dessa canção já vem sendo ensaiado em tangos anteriores; tangos como "¿Qué vachaché?" (1926), "Yira, yira" (1930), "¿Qué sapa[59], señor?" (1931). A crise de valores que destroça as relações humanas, convertendo tudo em mentira e nada em amor, enquanto a terra gira e gira imperturbável com sua imensa carga de dor e sofrimento é o tema do clássico "Yira, yira". Já em "¿Qué vachaché?", esse "mundo indiferente" de homens alienados, que têm como valor supremo o dinheiro, aparece claramente como o mundo burguês.

"¿Qué vachaché?", comenta Discépolo, é "algo distinto de tudo aquilo que se havia escutado até então como tango. Dizia coisas, enfocava a vida de outro modo. Olhava por outras janelas o tremendo panorama da humanidade" (apud

---

[58] *Labura*, do verbo laburar (lunf.): Trabalhar.

[59] *Sapa* (pop.): inversão de pasa. "¿Qué sapa, señor?" quer dizer "O que passa, senhor?"

Galasso, 1995, p. 53). Composta para a peça "El organito", essa canção, proibida pela censura, é um marco na vertente de crítica social do tango, abordando temas até então ausentes no cancioneiro popular. Aqui reencontramos a temática da quebra dos valores consagrados, relacionada de forma realista à problemática da "capitalização do espírito".

[...] Lo que hace falta es empacar mucha moneda,
vender el alma, rifar el corazón,
tirar la poca decencia que te queda...
Plata, plata, plata y plata otra vez...
Así es posible que morfés[60] *todos los días,*
tengas amigos, casa, nombre... y lo que quieras vos.
El verdadero amor se ahogó en la sopa:
la panza es reina y el dinero Dios.

¿Pero no ves, gilito embanderado[61]*,*
que la razón la tiene el de más guita[62]*?*
¿Que la honradez la venden al contado
y a la moral la dan por moneditas?
¿Que no hay ninguna verdad que se resista
frente a dos pesos moneda nacional? [...]

Se em "Cambalache" Discépolo constata a ausência de uma "escala de valores" na sociedade burguesa do século XX, em "¿Qué vachaché?" fica explícito que essa anomia se deve ao fato de que todos os valores – a amizade, o amor, a decência, a verdade etc. – têm o seu preço no mercado. Numa sociedade em que tudo pode ser reduzido a um valor de troca, quantificado, desaparece a diferença qualitativa entre as coisas, entre o que é moral e o que é imoral. A razão é comprada pelo que tem mais dinheiro; o financista trambiqueiro Stavisky compra a sua honra no mercado, pagando jornalistas, juízes e ministros; os homens compram o amor de *La Mignon;* os fiéis

---

60 *Morfés*, do verbo morfar (lunf.): Comer.

61 *Gilito embanderado* (lunf.): Tonto defensor de uma causa.

62 *Guita* (lunf.): Dinheiro.

compram o perdão do cura; o patrão (*"el que vive de los otros"*) compra a força de trabalho do *colchonero*. Os homens vendem a sua alma, a sua consciência, suas convicções. Todas as esferas da existência humana são penetradas pelo valor de troca. Não há nenhuma verdade ou valor moral que resista ao poder dissolutivo do dinheiro. Por isso, dirá Discépolo, "os imorais nos igualaram". "A ninguém importa se nascestes honrado", uma vez que a honra também tem seu preço. E se você não quiser vendê-la, não faz diferença, pois nesse mundo ela já não significa nada.

"O que se vai fazer? Se hoje já morreu o critério!"[63] O tema recorrente dos tangos de Discépolo se anuncia em "¿Qué vachaché?" com toda clareza, remetendo ao problema da coisificação das relações humanas. Quando os homens abandonam os valores humanistas e suas relações passam a ser mediadas por critérios mercantis, estas relações lhes aparecem sob a forma de coisas, e eles já não se reconhecem como sujeitos, criadores de todos os valores. São transformados em "espectadores passivos do devir social" (Lukács). A falta de critérios significa a morte da cultura no sentido clássico, criticamente avaliativo, e do próprio homem como indivíduo autônomo, capaz de julgar e decidir conscientemente. "¿Qué vachaché?" é, assim, uma comovente crítica da alienação humana, do fetichismo do dinheiro, que aparece aos homens, na sociedade mercantil, sob a forma de um deus, ante o qual todos se sacrificam, ajoelham, rezam.

Em seu bazar de quinquilharias, Discépolo observa a coisificação dos valores, das relações humanas e da própria vida, tudo exposto nessa vitrine desrespeitosa, onde se vendem, na liquidação, almas, corações e mentes.

---

[63] "Qué vachaché?", 1926.

Considerações finais

Com Enrique Discépolo adquire força o tango "nacional-popular", no sentido gramsciano da expressão, isto é, um tango que é capaz de contar a história argentina a partir da perspectiva das classes subalternas, num sentido contrário ao da classe dominante. Como cronista da vida portenha, na vertente de Esteban Celedonio Flores (1896-1947), Discépolo revela através de um olhar crítico as contradições da realidade de sua época. Sua obra contém uma imagem alternativa de nação, uma representação do povo diferente daquela das elites; seu tango fala dos tipos populares e antipopulares (*lumpens*, trabalhadores, *compadritos*, prostitutas, vigaristas); fala da fome, dos amores e da miséria do *arrabal*, dos explorados, enfim, da vida nacional atravessada por profundas contradições sociais.

Discépolo realiza em sua obra, a partir de uma perspectiva contra-hegemônica, uma radiografia moral não apenas do regime fascista que marcou a Década Infame, mas da sociedade capitalista do século XX, quando, como diz ele, "o homem vê desmoronar a sabedoria dos séculos" (apud Galasso, 1995, p. 81). Nesse momento, "o mundo marcha à deriva... Romperam-se os diques da cordura e da sensatez e a humanidade não encontra os caminhos da felicidade" (apud Benedetti, 1998, p. 502).

Alguém pode objetar que Discépolo não apresenta alternativas à barbárie capitalista, que o quadro que ele pinta desse século é demasiado sombrio, sem esperanças. Mas é inegável que seus tangos, lamentando a ruína dos valores humanistas, mesmo sem apontar caminhos, revelam uma busca desesperada de superação da autoalienação humana. O quadro é de fato pessimista, mas como esperar algo diferente de um balanço do século XX feito ainda nos anos 1930, quando o pior ainda estava por vir. Lembremos que no final dessa década internacionalmente infame, o nazifascismo invadiria a Polônia dando início à II Grande Guerra, que pôs fim à vida de mais de 50 milhões de pessoas (!); e que a Argentina ainda viveria uma ditadura (1976-1983), mais sanguinária que a de sua época, com 30 mil mortos e desaparecidos e pelo menos 500 bebês de presos políticos sequestrados pela autocracia empresarial-militar. Autocracia que, aliás, colocou no seu índex de canções proibidas esse tango eterno nos *arrabales porteños*, atestando a atualidade e universalidade de sua crítica.

BIBLIOGRAFIA

ADORNO, Theodor W.; HORKHEIMER, Max. *Dialética do esclarecimento: fragmentos filosóficos*. Rio de Janeiro: Jorge Zahar Editor, 1985.

ARENDT, Hannah. *La crise de la culture: huit exercices de pensée politique*. Paris: Gallimard, 1972.

BENEDETTI, Héctor Angel. *Las mejores letras de tango*. Buenos Aires: Booket, 2012.

COUTINHO, Carlos Nelson. *O estruturalismo e a miséria da razão*. Rio de Janeiro: Paz e Terra, 1972.

GALASSO, Norberto. *Discépolo y su época*. Buenos Aires: Ediciones Corregidor, 1995.

HABERMAS, Jürgen. *Mudança estrutural da esfera pública: investigações quanto a uma categoria da sociedade burguesa*. Rio de Janeiro: Tempo Brasileiro, 2003.

HOBSBAWM, Eric. *Tempos fraturados: cultura e sociedade no século XX*. São Paulo: Companhia das Letras, 2013.

______. *Era dos extremos*. São Paulo: Companhia das Letras, 1995.

KRAUS, Karl. *Os últimos dias da humanidade*. Lisboa: Antígona, 2003.

MARX, Karl. "O Dezoito Brumário de Luís Bonaparte". In: MARX, Karl; ENGELS, Friedrich. *Obras escolhidas*. São Paulo: Alfa-Ômega, s/d.

[2014]

ECOS DO GOLPE NO MUNDO DA CULTURA

Para Ronaldo do Livramento Coutinho

Tudo isso significa, simplesmente, que o imperialismo controla a informação na área em que exerce o seu domínio.

[Nelson Werneck Sodré]

"Ecos do Golpe": a expressão sugere a permanência de formas culturais do período ditatorial em nossa sociedade. A metáfora sonora é ainda mais sugestiva se consideramos que há um som que ecoa há décadas na vida cultural brasileira: um som que, à maneira de um sino, anuncia a fala sagrada do mercado e o fim da história; que mantém os homens enquadrados, fazendo-os salivar como cobaias e prescrevendo suas reações a cada vez que reverbera em suas casas e locais de diversão; um som que, como diria Adorno, preenche os vazios do silêncio que se instalam entre as pessoas deformadas pelo medo e pelo cansaço; som que, como um apito de fábrica, submete o lazer dos homens à lógica da produção capitalista; som que ritmou a implantação do regime ditatorial no Brasil, a repressão do movimento operário, a superexploração da força de trabalho, a intervenção do Estado na defesa dos interesses monopolistas nacionais e multinacionais, o aprofundamento da dependência econômica e política brasileira em relação aos EUA; som que poderia muito bem ser o tilintar das moedas na caixa registradora, mas que se apresenta inocente e intermitentemente – de quinze em quinze minutos há 50 anos – como um singelo e hipnótico plim-plim.

Esses ecos do passado que, no dizer de Marx, oprimem como um pesadelo o cérebro dos vivos, são repercutidos pelo moderno sistema de comunicações instaurado no Brasil durante a autocracia burguesa. A importância desses ecos – e desse sistema – poderá ser mais bem compreendida se tivermos em mente o significado de um fato com o qual eles estão intimamente associados: o Golpe de abril.

A mais eficaz política cultural da ditadura

Como outros processos de transformação social ocorridos na história do Brasil, a ditadura civil-militar que se instalou com o Golpe de 1964 pode ser compreendida como um processo de "modernização conservadora" (Barrington Moore Jr., 1975). Modernização que se deu "pelo alto", num quadro de conciliação com o atraso, seguindo aquilo que Lenin (e posteriormente Lukács) chamou de "via prussiana" e Gramsci, analisando o processo de unificação italiano (*risorgimento*), designou "revolução passiva" ou "revolução-restauração", expressões que sublinham os dois lados do processo: o desenvolvimento das forças produtivas e a conservação de elementos atrasados das relações de produção. Como assinala Coutinho,

> o progresso das forças produtivas e a modernização da estrutura social se fizeram [...] 'de cima para baixo', com a conservação do latifúndio, da dependência ao imperialismo e, sobretudo, com a tentativa de marginalizar as forças populares das grandes decisões políticas nacionais (1980a, p. 57).

Ajustando estruturalmente o Estado brasileiro em proveito dos monopólios e multinacionais, o Golpe de 1964 foi uma operação destinada a revolucionar as técnicas de acumulação do capital e, ao mesmo tempo, afastar o fantasma do comunismo e do nacionalismo de esquerda que rondavam a América Latina. A ditadura assumiu, assim, o caráter de uma "contrarrevolução preventiva" (Fernandes, 2006) que associava a explosão modernizadora (industrialização intensiva) com a "regeneração dos costumes" e a "estabilidade da ordem". Tratava-se, segundo Ianni, de romper com o padrão de desenvolvimento econômico nacionalista (getuliano), apoiado amplamente em bases populares e implicando numa política externa independente, e instaurar, sob a proteção militar, um padrão de desenvolvimento econômico associado subalternamente aos interesses imperialistas, de acordo com a "doutrina da interdependência" (1994).

A implantação do regime ditatorial é a condição política desse novo padrão econômico, na medida em que, por meio da repressão à classe trabalhadora, intensifica a exploração da força de trabalho e possibilita o incremento da taxa de lucro. Note-se, no entanto, que os Estados modernos, mesmo os mais truculentos, não são apenas burocracia e coerção: eles têm, como diria Gramsci, a função de criar junto à grande massa da população uma visão de mundo adequada aos interesses do capital, isto é, um determinado nível cultural e moral "que corresponde às necessidades de desenvolvimento das forças produtivas" (2007, p. 284). Isso significa que não foi somente pela força, pela repressão, pela censura que a autocracia burguesa garantiu o novo padrão de acumulação dos monopólios, mas também pela persuasão, pela hegemonia cultural, pela busca do consentimento ativo do dominado.

A política cultural da ditadura possuía duas faces: além de reprimir as vertentes intelectuais de esquerda que se contrapunham à ordem sociopolítica dos monopólios, ela induziu e promoveu a emergência de tendências culturais funcionais ao projeto conservador. Segundo Netto, essa intervenção do Estado na esfera cultural se deu de duas maneiras: a primeira, mais direta, refere-se ao incentivo das políticas culturais voltadas às produções da cultura popular e da cultura erudita através de órgãos como o IPHAN (Instituto do Patrimônio Artístico e Histórico Nacional) e a Funarte (Fundação Nacional de Arte, criada em 1975). A segunda – indireta, porém a nosso ver mais eficaz –, no sentido de propiciar a infraestrutura necessária para a

> emergência, no Brasil, de uma *indústria cultural*, concentrada e monopolizada, fazendo do espaço nacional um mercado unificado onde se enfrentam uns poucos monopólios que dominam e manipulam a produção e a distribuição de uma cultura de massas com as conhecidas características de conformismo e alienação (Netto, 2008, p. 49).

A face repressiva dessa política cultural vigente após 1964 e, em particular, no período posterior a 1968, atuou no sentido de "quebrar a autonomia da sociedade civil e de reprimir o seu pluralismo" (Coutinho, 1980a, pp. 84-85). Tão ou mais importante, contudo, foi o grande estímulo emprestado pela ditadura à expansão e consolidação de uma poderosa indústria cultural. Com essa política, não se tratava de quebrar a autonomia, mas de sequestrar a sociedade civil no momento mesmo em que o desenvolvimento capitalista gerava os pressupostos objetivos para o seu fortalecimento; não se pretendia simplesmente calar as massas, mas distorcer a sua fala, organizar a sua cultura num sentido conveniente aos grupos hegemônicos. O estímulo do Estado à indústria da cultura se revelaria, em longo prazo, uma estratégia mais eficaz do que a repressão, uma vez que criou instrumentos de poder que sobreviveram à ditadura. Hoje, a censura prévia foi relaxada, mas o poder da mídia, como um entulho da ditadura, permanece avassalador. A despeito da enorme insatisfação existente na sociedade, das periódicas crises financeiras que afetam a população, é a mídia eletrônica o principal responsável pela manutenção e estabilidade do Estado, garantindo as relações de produção e propriedade, criando e recriando, junto às massas humanas, o consenso necessário à dominação do capital.

O capitalismo monopolista de Estado e a consolidação do sistema de telecomunicações

O momento de modernização do capitalismo industrial no Brasil foi também, não por acaso, o da consolidação da indústria cultural em bases não só capitalistas (o que já vinha ocorrendo antes de 1964), mas, como observou Coutinho, cada vez mais monopolistas e mesmo monopolistas de Estado (1980b, p. 85). Marcada pela associação do grande capital nativo com o imperialista, a indústria cultural, monopolizada e centralizada, se beneficiou largamente da intervenção estatal. Como em outros setores da economia, o Estado encarregou-se das atividades ditas estruturais da indústria da cultura, particularmente das telecomunicações, de modo a favorecer a iniciativa privada; cuidou das atividades que, "embora essenciais à reprodução material do capital global, apresentam (por causa da magnitude do capital fixo e do dilatado período de rotação) uma baixa lucratividade imediata" (Coutinho, 1980b, p. 97).

No Brasil, essa integração entre Estado e monopólio das comunicações se acentua após o Golpe de 64, mas é algo que se esboça como linha programática a partir da segunda metade da década de 1950 com a abertura da economia brasileira ao capital estrangeiro. Data dessa época o esforço – hegemonizado pelos empresários dos meios de comunicação – de se regulamentar as telecomunicações e a radiodifusão no Brasil. Esse esforço alcança, finalmente, seus objetivos durante o governo João Goulart, quando o Código Brasileiro de Telecomunicações (CBT, 1962), foi aprovado contra a vontade de setores nacionalistas e do próprio presidente, cujos vetos ao projeto foram rejeitados pelo Congresso. O CBT definiu uma política setorial que separou as atribuições do Estado e da iniciativa privada. O código atribui ao Estado a responsabilidade principal na implantação e operação dos serviços públicos de telecomunicações. Na prática, coube ao setor público a dispendiosa expansão da infraestrutura e dos serviços enquanto à iniciativa privada foi reservado o direito de explorar o rádio e a televisão.

As diretrizes estabelecidas pelo CBT para a expansão do sistema nacional de telecomunicações encontrou respaldo no planejamento oficial dos governos ditatoriais, que o aplicaram integralmente, agora sem qualquer oposição antimonopolista e anti-imperialista, uma vez que o Golpe de 64 quebrara as resistências políticas a esse processo de integração entre o Estado e o grande capital.

Os governos militares implementaram uma política modernizadora nas telecomunicações, priorizando a instalação de uma rede de troncos de micro-ondas que, integrada a um sistema de comunicação via satélite (INTELSAT, 1969), pudesse interligar todo o território nacional. Esse sistema, além de atender aos objetivos militares de integração e segurança nacional e possibilitar a conexão entre os principais centros do capitalismo brasileiro, beneficiava particularmente as empresas de radiodifusão (rádio e TV) e a indústria de equipamentos – normalmente estrangeira – encarregada de suprir o aparato tecnológico necessário ao funcionamento do sistema. Desde a famosa e famigerada Instrução 113 da SUMOC, esse investidor estrangeiro era favorecido pelas leis nacionais, que o permitia importar bens de equipamento à taxa do mercado livre.

Do ponto de vista dos interesses privados, a empreitada nas telecomunicações foi um sucesso. Com o dinheiro público, a autocracia burguesa criou a estrutura de uma rede nacional de telecomunicações de alcance continental a ser explorada pelos monopólios. Foi um êxito tão grande que quando essa estrutura já estava montada, não exigindo grandes investimentos que inviabilizassem a lucratividade imediata, foi ela própria transferida para as mãos da iniciativa privada. Em julho de 1997, no governo Fernando Henrique Cardoso, foi aprovada a Lei Geral das Telecomunicações (LGT), privatizando as empresas de telefonia. No que diz respeito à radiodifusão, o CBT ainda vigora, como um entulho jurídico que dá legalidade ao monopólio das rádios e tevês abertas.

The Globe: o imperialismo aprofunda o seu controle sobre a informação no Brasil

Ao mesmo tempo em que criava as condições estruturais para o livre desenvolvimento de um robusto sistema de radiodifusão, a ditadura favoreceu a formação de oligopólios e a desnacionalização dos meios de comunicação no Brasil. Nesse momento, os trustes internacionais, que há décadas controlavam a imprensa brasileira por meio de verbas publicitárias, encontraram, com o assentimento do Estado autoritário, formas mais diretas de controle dos meios de informação. Observou-se a "substituição de uma imprensa controlada do exterior por uma genuína imprensa estrangeira, sem mais disfarce algum" (Sodré, 1983, p. 437). Multiplicavam-se as publicações estrangeiras editadas em português no Brasil: *Capricho*, *Manequim*, *Mickey*, *Pato Donald*, a exemplo das já antigas *Visão* e *Seleções* (*The Reader's Digest*), essa última, responsável por "um dos mais suspeitos, sujos e parciais relatos já escritos sobre os acontecimentos que levaram à ditadura no país" (ibid.). Os grandes jornais e revistas dos Estados Unidos, "subvencionados por poderosos consórcios dedicados à indústria de armamentos bélicos" (ibid.) – e pelo próprio governo norte-americano, que permitia que essa subvenção fosse deduzida de seu Imposto de Renda – encontraram no regime ditatorial um dócil aliado. "O imperialismo, depois de dominar o mercado de coisas materiais, procura dominar o mercado da opinião e, assim, depois que se instala, instala a *sua* imprensa" (Sodré, 1983, p. 438).

Uma vez que a legislação brasileira não permitia nenhuma participação de capital estrangeiro na área do rádio, do jornal ou da televisão, não são poucos os casos de jornais, oficinas gráficas, editoras de livros, emissoras de rádio e estações de TV controlados indiretamente por grupos estrangeiros. Dentre eles, destaca-se, por sua amplitude e consequências para a nossa vida cultural, o caso das ligações de *O Globo* com o consórcio norte-americano *Time-Life Broadcast International Inc.* – "grupo da linha mais reacionária e mais retrógrada do Partido Republicano, exclusivamente interessado em manter, em países como o nosso, bases anticomunistas" (João Calmon apud Herz, 1991, p. 93).

Não estamos falando de nenhuma novidade. Limitamo-nos aqui a citar algumas fontes já bastante conhecidas, notadamente o pioneiro e corajoso trabalho acadêmico de Daniel Herz, *A história secreta da Rede Globo*, que serviu como base do documentário de Simon Hartog, *Brazil: muito além do Cidadão Kane* (BBC, 1993).

Em julho de 1962, quando os Estados Unidos articulavam o golpe militar no Brasil, foram assinados dois contratos entre o grupo *Time-Life* e as Organizações Globo (proprietária à época do jornal *O Globo* e da Rádio Globo), contratos que permitiam, na prática, a transferência de capital norte-americano para a empresa de Roberto Marinho, acesso a informação privilegiada sobre métodos de gestão no setor televisivo e o que se chamou de "assistência técnica".

A estratégia da *Time-Life Broadcast Inc.* no Brasil e em outros países da América-Latina era bastante clara. Partindo do reconhecimento de que o grupo norte-americano não podia controlar administrativa e intelectualmente canais de televisão nessa região devido às leis dos respectivos países sobre telecomunicações, Weston Pullen Jr., cossignatário de Roberto Marinho nos contratos, sustenta que era indispensável ter sócios locais de confiança. Pullen diz ainda que o governo norte-americano poderia e deveria interessar-se por esse tipo de expansão por parte de grupos norte-americanos como um meio de atingir o povo (Conferência de Weston Pullen Jr. citada por Carlos Lacerda em depoimento à Câmara dos Deputados apud Herz, 1991, p. 126).

Além dos sócios locais de confiança, as corporações norte-americanas contaram com a mediação ou o aval de homens influentes da ditadura. Segundo João Calmon, há fortes indícios do "envolvimento de Roberto Campos com uma estratégia de implantação de grupos estrangeiros na área da comunicação" (apud Herz, 1991, pp. 169-173). Lembre-se que "a assinatura dos contratos Globo/*Time-Life* e as primeiras remessas de dólares ocorreram quando ainda era embaixador em Washington" (ibid.). Mais tarde, quando ministro do Planejamento do governo Castelo Branco, Campos assumiu publicamente posições favoráveis à presença do capital norte-americano nas telecomunicações brasileiras, fazendo vistas grossas para esse tipo de parceria com empresas estrangeiras (ibid.).

Com o beneplácito da autocracia, a TV Globo recebe um aporte financeiro ou, como aparece no contrato, uma "contribuição" de US$ 6 milhões (até então, a maior televisão brasileira, a Tupi, tinha um capital de US$ 300 mil)[64]. Ou seja, a Globo já nasce 20 vezes maior do que a sua principal concorrente. Herz observa que "esse negócio era feito entre uma empresa que tinha um capital de mais de US$ 2 bilhões, o grupo *Time-Life*, e a Globo, com pouco mais de US$ 200 mil: "Time-Life *tinha um capital dez mil vezes maior que o da Globo*" (Herz, 1991, p. 195, grifo meu). Por meio desse contrato, "O Globo" – ou, como diria José Paulo Netto, *The Globe* – teve o seu capital inicial multiplicado por trinta.

É evidente que essa "contribuição" colocava a empresa de Roberto Marinho sob a influência dos norte-americanos. De 1965 a 1980, um assessor chamado "Joe" Wallach, representante da *Time-Life* no Brasil, encarregado da intermediação da remessa de dólares, tinha consideráveis poderes na empresa, pois representava "um credor de cinco milhões e 129 mil dólares" (Calmon apud Herz, 1991, p. 143).

Nesse negócio, observou Lacerda, não apenas a Globo foi testa de ferro dos setores monopolistas norte-americanos, mas a própria *Time-Life* era também fachada de grandes empresas imperialistas.

> *Time-Life* representa, na realidade, nessa operação, um biombo de grupos interessados em se apossarem da nossa economia. Este é que é o ponto. Não se trata das revistas *Time-Life*. É que através do grupo *Time-Life*, que se apossou do uso e gozo do canal de televisão 'O Globo', estes grupos podem intervir agora na opinião pública brasileira (apud Herz, 1991, p. 182).

Em abril de 1965, três anos após a assinatura do contrato com a *Time-Life*, a TV Globo foi inaugurada. No mesmo ano, o acordo foi questionado por deputados federais. Em 1966, foi oficialmente criada uma CPI para investigar a infiltração de capitais estrangeiros em empresas de comunicação no Brasil e a entrega da direção dessas empresas a estrangeiros ou testas de ferro seus. Por unanimidade a CPI aprovou o seguinte parecer:

---

[64] Cf. *Brazil: muito além do Cidadão Kane* (BBC, 1993), documentário televisivo de Simon Hartog.

> os contratos firmados entre a TV Globo e *Time-Life* ferem o artigo 160 da Constituição, porque uma empresa estrangeira não pode participar da orientação intelectual e administrativa de sociedade concessionária de canal de televisão; por isso, sugere à empresa faltosa a punição legal pela infringência daquele dispositivo constitucional (apud Herz, 1991, p. 183).

Apesar do parecer desfavorável da CPI, a emissora não sofreu nenhum tipo de punição. Em sintonia com Roberto Campos e os grupos hegemônicos envolvidos no processo de implantação da Globo, o consultor-geral da República emitiu um parecer considerando que não havia uma sociedade entre as duas empresas, nem ocorreu interferência intelectual ou administrativa da empresa norte-americana sobre a brasileira. Com isso, a situação da TV Globo foi oficialmente legalizada. O contrato com a *Time-Life* foi encerrado em 1971.

Importa perceber que o apoio do grupo *Time-Life* permitiu a TV Globo explorar com antecedência e competência a nova estrutura de telecomunicações implantada pela ditadura para o desfrute dos monopólios. Graças a esse acordo com o grupo *Time-Life*, em apenas quatro anos, entre 1965 e 1969, a Globo – e com ela o grande capital monopolista e multinacional – passou a dominar o mercado audiovisual brasileiro. É assim que, por meio de fachadas, testas de ferro e um governo fantoche, o imperialismo aprofunda o seu controle sobre a informação no Brasil.

Certo, a Globo não foi o único meio de comunicação a apoiar o golpe e os regimes militares no Brasil. A maior parte da imprensa, a começar pelos "Diários Associados", que durante décadas expressaram os interesses do imperialismo, conspirou contra o governo de Goulart e festejou a sua deposição. Ocorre que, dentre todos esses jornais, rádios e estações de TV que conclamaram as Forças Armadas a lutar contra a comunização do Brasil – *Folha de São Paulo*, *Jornal do Brasil*, *Estado de São Paulo*, *Correio da Manhã* etc. –, coube à Globo receber o vultoso investimento que o permitiu dominar a audiência da televisão no Brasil e o mercado publicitário durante a ditadura militar. Foi a TV de Marinho, sem dúvida, a grande beneficiária dos investimentos públicos nos troncos de micro-ondas e na comunicação via satélite.

A Globo, e de um modo geral a televisão, teve grande expansão no pós-64, transformando-se no principal instrumento ideológico da autocracia burguesa. A programação, além de veicular, por meio de campanhas publicitárias, mensagens propriamente políticas, cuja tônica era a ideia de "segurança nacional", "luta contra o comunismo"[65], tinha o propósito de criar "uma cultura de massas com as conhecidas características de conformismo e alienação" (Netto, 2008, p. 49). Assim, alternavam-se programas de televisão reacionários furibundos, enaltecendo as grandezas do país e destilando ódio contra comunistas – como Amaral Neto (jocosamente chamado "Imoral Nato") – e programas que desviavam a atenção das massas das contradições sociais e de sua própria história, realizando aquilo que Lukács chamou de "apologia indireta do existente" (pense-se nas novelas, nos programas humorísticos, nos enlatados norte-americanos, nos desenhos infantis, no futebol). Era preciso – e os homens da *Time-Life* sabiam disso – conter a efervescência de uma cultura nacionalista de esquerda que florescia desde os anos 1950 sob a influência do ISEB e dos Centros Populares de Cultura da UNE – a canção de protesto, o Cinema Novo, o teatro do oprimido –, era necessário acabar com aquela *relativa hegemonia cultural da esquerda no país* de que fala Roberto Schwarz (2009), apagar a memória do povo brasileiro, fragmentar sua consciência, sufocar sua identidade.

O entulho autoritário no terreno da cultura

O advento da Nova República, em 1985, "manteve intacto o sistema de comunicação de massa resultante dos 20 anos de ditadura militar" (Herz, 1991, p. 86). Apesar de a Assembleia Constituinte ter aprovado em 1988 uma legislação de comunicação bastante progressista, determinando que "os meios de comunicação social não podem, direta ou indiretamente, ser objetos de

---

[65] Em 1975, a TV Globo levou ao ar uma espécie de documentário-exaltação do regime militar intitulado "Brasil, ontem, hoje e amanhã". O filme, uma propaganda do governo, é narrado pelo apresentador do Jornal Nacional da Rede Globo, Cid Moreira, o que por si só reflete a identidade entre a Globo e a ditadura. A mensagem publicitária do governo confundia-se com a opinião da própria Globo. Essa foi uma característica dos telejornais da emissora, que sempre se revelou mais realista do que o rei. Nesse filme-propaganda, em tom sensacionalista, tentou mostrar como, em 1964, o Brasil foi salvo pelas Forças Armadas, que "foram chamadas, praticamente intimadas a cumprir a missão que o momento lhes impunha, restabelecendo a ordem e livrando o país dos trapos vermelhos que ameaçavam sufocá-lo".

monopólio ou oligopólio" (art. 220), esses artigos até hoje não foram regulados pelo Congresso Nacional. Sob pressão dos grandes meios, os sucessivos governos – mesmo os do Partido dos Trabalhadores – não tomaram medidas significativas contra o monopólio da mídia no Brasil. Hoje, como se sabe, sete grupos controlam 80% de tudo o que é visto, ouvido e lido no país. Neste oligopólio, constituído pela família Civita, a Igreja Universal, a família Abravanel, a família Frias, a família Saad, a família Mesquita, a Rede Globo, da família Marinho, sobressai-se com grande destaque. Com mais da metade da audiência da TV aberta e a maior parte das verbas publicitárias, a Globo é hoje a segunda maior rede de TV comercial do mundo, com 122 emissoras próprias ou afiliadas, além de canais de TV a cabo, estações de rádio, jornais, revistas, gravadoras, editoras, sites, produtora de cinema etc.

Esse enorme poder de criar e destruir consenso, de eleger e depor presidentes faz das Organizações Globo a principal força política do país. Seu poder parece, inclusive, ter aumentado após a chamada "transição democrática", quando o Estado (o poder coercitivo) cedeu espaço à sociedade civil, onde acontecem relações de direção político-ideológica. Ocorre que essa esfera de poder, no momento da Abertura, já havia sido largamente ocupada pela mídia eletrônica, em detrimento dos outros meios de organização da cultura – escola, partidos, sindicatos, imprensa etc. –, fragilizados durante a ditadura. Hoje, o principal aparelho de hegemonia é justamente aquele que foi gestado pelo capital monopolista desde os primórdios do autoritarismo. Se esse aparelho sobreviveu à ditadura, isso tem a ver com o fato de que a transição para a democracia, como outras transições na história brasileira, se deu "pelo alto", sem transformações significativas na estrutura de poder. Essa estrutura se conserva, mesmo após a volta dos militares aos quartéis, graças, em larga medida, ao poder ideológico avassalador dos grupos dominantes.

Fiel às suas origens, a Globo permanece, assim, como a principal herança do período autoritário no campo da cultura. Reverberam ainda, no espectro eletromagnético das telecomunicações brasileiras as vozes ditatoriais do passado. Não é a toa que, durante as jornadas de junho de 2013 – quando a população foi para as ruas reclamar dos investimentos do Estado na Copa do Mundo da FIFA em detrimento dos serviços públicos, como educação, saúde, transporte, moradia –, uma das palavras de ordem mais cantadas por centenas de milhares de pessoas em todo o Brasil foi "A verdade é dura: a Rede Globo apoiou a ditadura".

Nesse momento, a Globo fez uma autocrítica pelo seu "apoio editorial" à ditadura. Ora, como vimos, não se trata de um simples apoio editorial: a Globo foi a alma da ditadura civil-militar brasileira e permanece como um enclave no Brasil das mesmas forças que promoveram o golpe de Estado. Nesse editorial, produzido no calor das jornadas de luta de junho de 2013, a Globo tenta se explicar, em vão, pois desconsidera um dado fundamental: o seu protagonismo na ditadura, o papel que ela própria teve nesse processo. Reafirmando o seu "incondicional e perene apego aos valores democráticos", a autocrítica de *O Globo* é mais uma peça publicitária, pois naquele exato momento ele tratava de defender os interesses do grande capital (FIFA, donos de empresas de ônibus etc.), criando uma opinião pública favorável à repressão aos movimentos sociais.

Mas é importante observar que a permanência desse sistema de comunicação de massa subserviente às grandes corporações transnacionais tem como contrapartida a permanência da crítica a esse sistema, uma tradição de luta contra o monopólio das comunicações em nosso país. Desde o dia 1° de abril de 1964, quando o jornal de Roberto Marinho deixou de ser publicado pela ação de forças leais ao presidente deposto, até hoje (março de 2014), quando os garis, em greve, expulsaram pacificamente de sua manifestação um carro da TV Globo, com gesto de adeus e palavras de ordem, houve reações esporádicas a esse tipo de atuação da Rede Globo no processo político brasileiro. Durante as greves do ABC paulista, na campanha pelas Diretas, nos processos eleitorais, a emissora vem sendo hostilizada nas ruas por manifestantes populares. Nos últimos meses, no entanto, pode-se dizer que essa crítica se apoderou de amplos setores da sociedade: pela primeira vez nos últimos 50 anos a Globo viu arranhada a sua hegemonia. Registraram-se manifestações multitudinárias contra a emissora na maioria das capitais e grandes cidades brasileiras. Nesse momento, a sociedade parece ter se dado conta de que qualquer manifestação pela vida, pela justiça social, pela democracia é, antes de tudo, uma manifestação contra a Rede Globo.

BIBLIOGRAFIA

COUTINHO, Carlos Nelson. "Cultura e democracia no Brasil". In: ______. *A democracia como valor universal*. São Paulo: Livraria Editora Ciências Humanas, 1980a.

______. "O capitalismo monopolista de Estado no Brasil: algumas implicações políticas". In: ______. *A democracia como valor universal*. São Paulo: Livraria Editora Ciências Humanas, 1980b.

FERNANDES, Florestan. *A revolução burguesa no Brasil: ensaios de interpretação sociológica*. 5. ed. São Paulo: Globo, 2006.

O GLOBO. "Apoio editorial ao Golpe de 1964 foi um erro". 31 de agosto de 2013.

GRAMSCI, Antonio. *Cadernos do cárcere*. Rio de Janeiro: Civilização Brasileira, 1999, v. 3.

HERZ, Daniel. *A história secreta da Rede Globo*. Porto Alegre: Editora Ortiz, 1991.

IANNI, Octávio. *O colapso do populismo no Brasil*. 5. ed. Rio de Janeiro: Civilização Brasileira, 1994.

NETTO, José Paulo. "A autocracia burguesa e o 'mundo da cultura'". In: ______. *Ditadura e serviço social: uma análise do serviço social no Brasil pós-64*. 12. ed. São Paulo: Cortez, 2008.

SCHWARZ, Roberto. *Cultura e política (1964-1968)*. 3. ed. São Paulo: Paz e Terra, 2009.

SODRÉ, Nelson Werneck. *História da imprensa no Brasil*. 3. ed. São Paulo: Martins Fontes, 1983.

[2014]

A IDEOLOGIA DA IMPARCIALIDADE: CONSIDERAÇÕES SOBRE O GOVERNO CHÁVEZ E A LIBERDADE DE EXPRESSÃO

Para Marcelo Racy,
amigo bolivariano.

A chamada neutralidade significa
somente apoio à parte retrógrada.

[Antonio Gramsci]

Tem razão a grande mídia quando – em coro uníssono e comovente – afirma que a decisão do presidente Hugo Chávez de não renovar a concessão pública à *Radio Caracas Televisión* (RCTV) é um ataque à liberdade de expressão. Esquece-se apenas de dizer que se trata, no caso, da liberdade de expressão do grande capital. Afinal, quem falava pelas ondas da RCTV – e continua falando por meio das grandes corporações de mídia na Venezuela ou no Brasil – não é o povo, a quem supostamente deveriam servir as emissoras de comunicação, mas os bancos, as grandes empresas transnacionais, os latifúndios – o mercado.

Durante 54 anos, a RCTV, a mais antiga emissora venezuelana, filial do grupo *iBroadcasting*, teve liberdade de expressão e a utilizou para organizar uma visão de mundo conveniente aos interesses dominantes, mantendo anestesiada a consciência popular mediante uma programação torpe e mistificadora. Tal liberdade lhe permitiu, por exemplo, protagonizar a tentativa de golpe de Estado em abril de 2002. Lembremos esse fato que os grandes meios de difusão gostariam de apagar da memória de todos. Desde 1998, quando foi eleito pela primeira vez, Chávez vinha desagradando aos setores dominantes com sua "revolução bolivariana" de cunho popular, anti-imperialista e, diga-se de passagem, estritamente constitucional. Em nenhum momento os meios de difusão deixaram de lhe opor dura resistência. Associadas a Washington e à elite local, as redes de TV – *Globovisión*, *Venevisión*, *Televen* e RCTV – procuraram criar o clima necessário à deposição de Chávez. E aí a liberdade de expressão da grande mídia se mostrou em sua essência: mentiras, deturpações, refinada manipulação. Nada que nós brasileiros não conheçamos muito bem.

Nos dias que precederam o golpe, de acordo com um conceito um tanto lato de liberdade, a RCTV trocou a programação normal por discursos contra Chávez e de apoio ao líder golpista Pedro Carmona, presidente da maior organização patronal venezuelana. Quando a conspiração prendeu o presidente, dissolveu a Assembleia Nacional e empossou Carmona, as emissoras comemoraram o que passaram a chamar de "renúncia" de Chávez. A população foi para as ruas exigir a volta do líder bolivariano, mas sobre isso as redes de TV não se pronunciaram. E quando o repórter no Palácio Miraflores anunciou que o presidente retornava ao poder, o noticiário saiu do ar, dando lugar a programas reconhecidamente imparciais, "Pretty Woman" e "Tom e Jerry". (Todo esse processo foi registrado no documentário irlandês *A revolução não será televisionada*, disponível no *YouTube*.)

O governo poderia ter processado a emissora e encarcerado seus donos por conspiração e atentado contra a segurança do Estado, mas não o fez. Esperou que vencesse a concessão pública – a licença que a RCTV tinha para desinformar – e, com o aval do Supremo Tribunal de Justiça, não renovou essa licença. Brandindo a Constituição, Chávez criou, em seu lugar, a *Televisora Venezolana Social* (TVes), com um perfil educativo, comunitário e cultural. Algo, sem dúvida, bastante diferente dos faustinhos e ratões oferecidos pela RCTV.

Não se trata, como bem afirmam seus opositores, de uma TV "imparcial". Sem dúvida, a TVes está em sintonia com o projeto bolivariano de resistência ao neoliberalismo e aos desmandos de Bush na América Latina, com a organização de uma nova hegemonia política por meio de um redirecionamento do sistema informativo. Não poderia jamais ser imparcial. Mesmo porque, ao contrário do que afirmam os meios de difusão (deixemos de chamá-los de meios de comunicação), não existe, nem pode existir, um discurso, uma programação ou uma visão de mundo socialmente neutra, imparcial. Toda fala é a fala de um sujeito histórico e, de alguma forma, corresponde a seus interesses e anseios. O mito da imparcialidade aparece, assim, como uma forma de apresentar como universais as ideias particulares e essencialmente parciais das elites dominantes; uma forma de silenciar as vozes dissonantes, contra-hegemônicas.

De repente, a Globo, a CNN, a Veja, a Condolezza Rice, o Senado norte-americano e os milionários donos da RCTV – quanta gente boa e imparcial! – se fazem arautos da liberdade de imprensa. E, em sua defesa, são capazes de tudo! A CNN em espanhol, por exemplo, em cujo site pode-se ler que nos últimos dez anos "se caracterizou por seus valores éticos: a independência de critério, a equidade, a imparcialidade", mostrou imagens do "protesto contra o fechamento da RCTV", que, na realidade, eram de um protesto em Cancún, México, contra o assassinato de um jornalista nessa cidade.

No Brasil, os defensores de uma abstrata "liberdade de expressão" estremecem ao ouvirem falar em rádios e TVs comunitárias. E tratam, pela coerção policial, jurídica e burocrática, de barrar qualquer iniciativa que represente uma ameaça de democratização da comunicação. A morosidade dos sucessivos governos em analisar pedidos de concessão de rádios comunitárias, cujos processos duram até oito anos, contrasta com a agilidade da Agência Nacional de Telecomunicações (Anatel) em reprimir as emissoras populares sem outorga. Entre 1998 e 2002, mais de 10 mil pessoas foram indiciadas e 3.623 foram condenadas por radiodifusão clandestina no país. No ano passado, a Anatel fechou cerca de 800 emissoras.

Há diversas denúncias de abusos nas ações da Polícia Federal em conjunto com a Anatel para fechar emissoras populares. Rádios comunitárias são interditadas e o seu material, apreendido – muitas vezes sem nenhum mandado judicial –, seus representantes, presos e processados. Como foi o caso da Rádio Bicuda (Vila da Penha, RJ), que tinha um trabalho importante de preservação do meio ambiente e organização dos diversos movimentos sociais da Leopoldina. A entidade foi fechada com violência por agentes da Polícia Federal em 2002. Foram levados todos os equipamentos e seus representantes presos. O seu pedido de concessão, feito em 1999, foi arquivado e a outorga foi dada a uma rádio comercial. Mas, nesses casos, nunca lemos protestos nos grandes meios, nem ouvimos falar de manifestações de repúdio do senado norte-americano ou de seus papagaios.

Historicamente, como observou Nelson Werneck Sodré, o imperialismo controla a informação onde exerce o seu domínio. Esse controle raramente é posto em xeque por um projeto contra-hegemônico. Por isso, nós que lutamos pela soberania dos povos latino-americanos, contra o "monopólio da fala", vemo-nos no dever de apoiar enfaticamente a não renovação da concessão da emissora golpista *Radio Caracas Televisión*. Não sabemos que rumo irá tomar a chamada revolução bolivariana, mas uma coisa podemos dizer, parafraseando o título do documentário irlandês: a próxima tentativa de golpe de Estado na Venezuela não será televisionada, pelo menos pela RCTV.

[2007]

PROCESSOS CONTRA-HEGEMÔNICOS NA IMPRENSA CARIOCA (1889-1930)

O proletariado agita-se.

[*Jornal do Brasil*, 1º de março de 1917]

As primeiras décadas do século XX são compreendidas por historiadores da imprensa (pense-se, particularmente, em Nelson Werneck Sodré), como um período de transição do jornalismo brasileiro, sobretudo carioca. Período em que os pequenos jornais – empreendimentos individuais de estrutura simples e produção artesanal – cedem lugar à grande imprensa, de feição industrial. Observa-se, no entanto, um contraste entre o jornal como empresa capitalista, que está se tornando, e sua posição como servidor de um poder oligárquico com características pré-capitalistas[66]. Como tantas outras instituições modernas no Brasil, a empresa jornalística inicia seu caminho sem ruptura com o passado. E esta será, em nossa história republicana, sua *marca de origem*.

O objetivo deste ensaio, contudo, é demonstrar que a despeito do caráter conservador do jornalismo brasileiro durante a República Velha, havia, no interior da imprensa burguesa carioca, uma *tendência* contra-hegemônica. Tendência que, em sua crítica às oligarquias, ao poder rural, ao voto de cabresto, à inexistência de cidadania no país, propugnava por um outro modelo de República, fazendo-se herdeira dos ideais de liberdade que efetivamente não se realizaram na República dos Coronéis. Apesar de sua heterogeneidade ideológica e da diversidade de formas, linguagens e gêneros pelos quais se manifestava (crônicas, reportagens, caricaturas, textos humorísticos, críticas literárias, notícias, artigos), tal tendência se unificava na expressão de um conteúdo crítico e democratizante.

[66] Cf. SODRÉ, Nelson Werneck. *História da imprensa no Brasil*. 3. ed. São Paulo: Martins Fontes, 1983, p. 276.

Pretende-se analisar o significado desse jornalismo marginal na história da cultura brasileira; delimitar sua extensão, sua força e sua influência intelectual e moral sobre o conjunto da sociedade. Trata-se de assunto pouco estudado. Apenas tangenciado pela historiografia da imprensa, o tema ganha alguma visibilidade nos ensaios dedicados à obra de jornalistas *deplacés* como Lima Barreto, Vagalume, Raul Pederneiras, Jota Carlos e Orestes Barbosa. Não se tem, no entanto, nesses ensaios, a perspectiva de conjunto de uma tendência jornalística alternativa. Até onde sabemos, a análise sistemática dos processos contra-hegemônicos na imprensa carioca nas primeiras décadas do período republicano ainda não foi realizada. O presente trabalho tem a pretensão de contribuir para esta análise.

"O fumaréu de incenso turibulando o ato do governo"

Um dos traços mais enfatizados do perfil histórico das relações entre cultura e política nos anos que se situam entre a Proclamação da República e a Revolução de 1930 tem sido a carência de uma produção intelectual, literária e artística identificada ao universo popular, carência associada a um rígido modelo de exclusão social. Nas primeiras décadas do século XX, o povo não apenas permaneceu ausente das decisões políticas, como foi marginalizado da produção intelectual do país. Raros – porém não desprezíveis – são os escritores, artistas, jornalistas que, colocando-se contra a corrente dominante, propuseram uma imagem alternativa da nação.

De um modo geral, os homens de letras veicularam em suas obras um conteúdo de ideias fundamentalmente elitista. Na raiz dessa produção – ora intimista, ora abertamente conservadora – está a própria separação entre os intelectuais e a realidade nacional-popular, uma separação posta e reposta por condicionamentos objetivos de nossa formação histórica e social, observa Carlos Nelson Coutinho[67].

[67] Cf. COUTINHO, Carlos Nelson. *Cultura e sociedade no Brasil: ensaios sobre ideias e formas*. Belo Horizonte: Oficina de Livros, 1990, pp. 42-43.

Vivemos, no Brasil, a experiência de uma modernidade contraditória. No campo das transformações econômicas e sociais, delineiam-se os traços de um processo conceituado como "modernização conservadora" (Barrington Moore Jr., Florestan Fernandes, Luiz Werneck Vianna etc.). As transformações ocorridas em nossa história não resultaram de autênticas revoluções, de movimentos provenientes de baixo para cima, mas se processaram sempre através de uma conciliação entre os representantes dos grupos opositores economicamente dominantes.

Entre as várias consequências desse processo de "transformações pelo alto", sem a participação do conjunto da população, Carlos Nelson Coutinho destaca uma de particular relevância no plano da cultura.

> Dado que o instrumento e o local de conciliação de classes foi sempre o Estado, verificou-se um fortalecimento do que Gramsci chama de 'sociedade política' (os aparelhos burocráticos e militares que exercem a *dominação* através do Executivo) em detrimento da 'sociedade civil' (o conjunto de aparelhos ideológicos através dos quais uma classe, ou bloco de classes, luta pela *hegemonia* ou pela capacidade de *dirigir* o conjunto da sociedade) (Coutinho, 1990, p. 44).

A cultura brasileira tornou-se, assim, em grande parte, uma cultura *ornamental*, já que o Estado era tudo e praticamente não existia o *medium* próprio da vida cultural: a sociedade civil. A inexistência ou fragilidade dos "aparelhos privados de hegemonia" (imprensa, sindicatos, partidos etc.), por meio dos quais os intelectuais pudessem articular-se organicamente com as massas, somada a outros fatores como a cooptação das camadas médias pelas elites e a repressão política direta, implicou o atrelamento dos intelectuais às classes dirigentes e o seu distanciamento em relação ao universo popular.

Essa debilidade da sociedade civil se revela com clareza no campo jornalístico. As relações que a grande imprensa estabelece com o Estado são marcadas pela subserviência, pelo clientelismo, pela chantagem e pela corrupção. Segundo o memorialista Luís Edmundo, no início do século XX, o jornalismo nada mais é do que "um tráfico de espertos", em que os ideais que se defendem são, apenas, os de "uma grei que calculadamente o açambarcou e que o dirige à revelia das aspirações e dos interesses do país". Uma grei constituída de negociantes portugueses iletrados, todos comendadores, semideuses na América.

> A maioria dos jornais, a bem dizer, é deles, os nababos da terra. Nada percebem de jornalismo, porém conhecem muito bem a força que o mesmo representa para os seus interesses lídimos ou escusos. Deles são as oficinas de impressão e ainda os imóveis onde as mesmas se instalam e funcionam, as cartas de fiança ou outras garantias para instalação e funcionamento das empresas, deles o crédito para a compra da tinta e do papel, finalmente deles o anunciozinho, embora muito mal pago, porém, representando a vida e a prosperidade da gazeta (Edmundo, 2003, pp. 643-644).

Em sua quase totalidade, continua Luís Edmundo, a imprensa da capital da República, "é um aparelho modelar de subserviência e ternura para homens da politicagem".

> Afora umas discussõezinhas tênues sobre tricas ingênuas de partido, umas inocentes ou pálidas discussões sobre matéria de administração, uns ataques cobardes e restritamente pessoais a pobres funcionários subalternos, sem proteção ou responsabilidade na vida administrativa do país, o que se vê, sempre, por esses provectos órgãos que se apresentam como genuínos representantes da opinião nacional, é o fumaréu de incenso turibulando o ato do governo (Edmundo, 2003, p. 645).

Em suas crônicas jornalísticas, o poeta Olavo Bilac sublinha a relação de dependência que se estabeleceu entre a imprensa e o poder público: "Imaginai o que seriam dos governos se todos os jornais lhes fechassem as colunas... e as gavetas dos seus balcões! E imaginai também, e principalmente, o que seria dos jornais!"[68].

O mesmo tema é abordado por Lima Barreto em seu livro de estreia, *Recordações do escrivão Isaías Caminha* (1909), espécie de romance *à clé* em que representa de forma cáustica aspectos da vida da redação de um grande jornal (identificado como o *Correio da Manhã*). Exceção entre os intelectuais de sua época, o autor não deixará de criticar, ao longo de toda sua trajetória literária e jornalística, a venalidade da imprensa e o seu comprometimento com as

---

[68] BILAC, Olavo. "A propósito de um congresso", de 24 de novembro de 1907. In: ______. *Vossa insolência (Crônicas)*. São Paulo: Companhia das Letras, 1996.

oligarquias e o Estado brasileiro – a "rede de malhas estreitas" que unia plutocratas, autoridades policiais e a grande imprensa contra os trabalhadores.

Em 1922, na revista Careta, Lima Barreto satirizou a Lei de Imprensa, de autoria de Adolfo Gordo, sugerindo alguns adendos capazes de aperfeiçoar a legislação "torquemadesca" que regulava o direito de escrever nos jornais:

> 1º) Todo artigo deve ser acompanhado com o retrato do autor;
>
> 2º) O autor do artigo deve declarar que sabe ler e escrever e tem os preparatórios de Português, Aritmética, Geografia e estudou para padre; [...]
>
> 4º) Nos artigos nunca se deve aludir a prorrogações de contratos e outras traquibérnias parlamentares;
>
> 5º) O sujeito que não provar ter tido vultosas transações com companhias de estradas de ferro não pode escrever nos jornais, nem mesmo nos 'a pedidos'.
>
> Creio que assim estará salva a moralidade da 'imprensa' e a segurança do Estado[69].

São significativas as aspas na palavra "imprensa", como que a denunciarem que os jornais, atrelados ao Estado, não poderiam preencher a função sociocultural de criação e expressão de uma consciência crítica, nacional-popular.

Sobre a "oposição jornalística", uma oposição condicionada por interesses financeiros – verbas publicitárias, subsídios, negócios –, o cronista escreveu, demonstrando que a virulência dos ataques pouco ou nada tinha a ver com convicções políticas. Na mesma perspectiva, Nelson Werneck Sodré assinala que a preocupação fundamental dos jornais na República Velha não era a política, mas o fato político. Nessa dimensão reduzida, as questões são pessoais, giram em torno de atos, pensamentos ou decisões de indivíduos, os indivíduos que protagonizam o fato político. "Não se trata de condenar a orientação, ou a decisão, ou os princípios – a política, em suma – desta ou daquela personalidade; trata-se de destruir a pessoa ou o indivíduo"[70].

---

69 BARRETO, Lima. "Lei de imprensa", de 5 de agosto de 1922. In: ______. *Lima Barreto: prosa seleta*. Rio de Janeiro: Nova Aguilar, 2001, p. 870.

70 SODRÉ, Nelson Werneck. *História da imprensa no Brasil*. São Paulo: Martins Fontes, 1983, p. 277.

Voltada para interesses imediatos, pessoais ou empresarias, a grande empresa jornalística realiza aquilo que Muniz Sodré, baseando-se na distinção gramsciana entre grande e pequena política, designou como "pequeno jornalismo", um jornalismo, diríamos, que não consegue – nem pode – fazer a passagem do momento meramente econômico, ou egoístico-passional, para o momento ético-político, transformando-se em meio de liberdade, em instrumento de luta pela hegemonia político-cultural, isto é, por uma outra correlação de forças no interior da sociedade.

A estruturação da empresa jornalística em moldes industriais refletiu, portanto, aquele processo de "modernização conservadora" da sociedade, oscilando entre as aspirações do moderno e a fortíssima presença da tradição. Entretanto, trata-se de observar que, a despeito do conservadorismo dominante nas folhas da Primeira República, da fragilidade dos aparelhos de hegemonia, a imprensa foi capaz de expressar, *ainda que marginalmente*, os anseios populares frustrados pela "República que não foi".

O projeto hegemônico da imprensa

Sob diversos aspectos – econômico, político, cultural –, a República Velha pode ser compreendida como um período de transição. Período que se inicia logo após a abolição da escravatura, quando a relação das elites com as classes populares era fundamentalmente coercitiva, e termina com a Revolução de 1930, quando o Estado burguês, necessitando ampliar sua base de consenso, conduz um projeto de hegemonia, ainda que limitado. Nessa nova etapa do desenvolvimento das relações capitalistas no Brasil, a velha política de marginalização das classes trabalhadoras, sintetizada na frase tantas vezes citada, "*a questão social é uma questão de polícia*", deveria ser substituída por um outro padrão de dominação social que implicasse a busca do consenso ativo do dominado. De acordo com o líder do movimento que daria fim à "república dos coronéis", o melhor meio para garantir os direitos sociais do proletariado era transformá-lo numa "força orgânica de cooperação com o Estado e não o deixar pelo abandono da lei, entregue à ação dissolvente de elementos perturbadores, destituídos de sentimento de Pátria e Família"[71].

---

[71] CARONE, Edgard. *A República Nova: 1930-1937*. São Paulo: Difel, 1982, p. 143.

Podemos nos perguntar: o que aconteceu nesse ínterim, entre a coerção escravocrata e a hegemonização das massas pós-30?

Com a efetiva urbanização e industrialização da capital, verificou-se um relativo fortalecimento da sociedade civil e uma tímida, ainda que significativa, modificação nos padrões de relacionamento das elites com o povo. A velha estratégia de repressão física às manifestações políticas e culturais do "populacho" foi cedendo lugar a um projeto que tinha como objetivo integrá-las à visão de mundo oficial, reinterpretando suas práticas e signos e descartando toda a tendência rebelde, explosiva, incontrolável.

Do ponto de vista político-ideológico, esse momento de transição pode ser compreendido como um período de gestação do projeto hegemônico burguês. Nossa hipótese envolve a consideração de que, desde as primeiras décadas do século XX, antes mesmo das leis trabalhistas de Vargas, setores das elites representados na imprensa contemplavam e incorporavam anseios e reivindicações das massas, reconhecendo a classe trabalhadora como sujeito político e cultural.

É nesse contexto que surgem nas folhas cariocas seções que de alguma forma davam voz à classe trabalhadora. Seções como "Queixas do povo", "O operariado", "Subúrbios" (*Jornal do Brasil*), "Correio operário" (*Correio da Manhã*), "Operariado" (*A Rua*), "Queixas e reclamações" (*O País*), "A voz do povo" (*Gazeta de Notícias*), sem falar nas colunas carnavalescas, onde os negros, mulatos e brancos pobres encontravam um espaço de reconhecimento do seu carnaval, livre das perseguições policiais[72].

Havia nessa atitude da imprensa, além de uma intencionalidade política, uma clara motivação mercadológica. Influenciados por jornais norte-americanos que, desde as últimas décadas do século XIX, expandiam-se conciliando sensacionalismo e defesa de interesses das classes trabalhadoras – jornais como o *The World*, de Pulitzer –, periódicos brasileiros como o *Jornal do Brasil*, empenharam-se na construção de uma imagem de jornal popular e politicamente independente. Vendendo tal imagem, os jornais estabeleciam uma espécie de "contrato de leitura" (Eliseo Verón) com "os pobres trabalhadores", abordando temas de seu interesse e colocando-se ao seu lado, muitas vezes, contra o abuso e as arbitrariedades da polícia, do governo e

---

[72] Cf. COUTINHO, Eduardo Granja. *Os cronistas de Momo: imprensa e carnaval na Primeira República*. Rio de Janeiro: Editora UFRJ, 2006.

dos patrões. (Lembre-se que, naquela época o orçamento da empresa jornalística dependia em grande parte da receita proveniente da venda avulsa do jornal, mais do que da publicidade.)

Autodenominado "o popularíssimo", o *Jornal do Brasil* apresentava-se como defensor dos pequenos e dos oprimidos, sendo reconhecido inclusive por lideranças operárias como "a folha que gozava de melhor conceito"[73]. Esse espírito de paladino das causas da arraia miúda foi expresso por Bambino numa charge de 1900 em que "um tipo popular tenta registrar queixa junto ao delegado de polícia, que o manda queixar-se... ao *Jornal do Brasil*"[74]. Nos anos seguintes essa imagem de "órgão dos interesses do povo" só faria se consolidar.

Segundo Eduardo Silva, a coluna "Queixas do povo", dedicada ao registro dos problemas do homem comum, foi durante décadas um dos carros-chefes da folha. Publicando, gratuitamente, as reclamações do "Zé Povinho", inclusive dos analfabetos, que podiam queixar-se pessoalmente na redação, o jornal se colocava na posição de mediador entre operários, patrões e Estado. Posição privilegiada, como veremos adiante, para enquadrar o proletariado nas regras de convívio da moderna sociedade burguesa. Por ora, observemos a inegável empatia do jornal com os trabalhadores:

> o Sr. Genuíno Veiga, operário gasista da Estrada de Ferro Central do Brasil, ignorando que os funcionários dessa ferrovia não podiam mais transitar pelas linhas, passava ontem próximo à plataforma dos trens de subúrbios, quando um soldado de polícia ali de serviço agarrou-o e levou-o aos socos para a agência respectiva.
>
> Como em caminho o operário Veiga protestasse, o soldado puxou o seu sabre e pretendia acutilá-lo, o operário segurou a arma, ferindo-se em um dos dedos da mão direita, vibrando-lhe ainda o soldado violento um forte soco no ouvido esquerdo.
>
> Apresentado Veiga ao agente, este o suspendeu logo do serviço e disse-lhe que ele estava demitido.

---

[73] "Brasil Tupinambá" apud SILVA, Eduardo. *As queixas do povo*. Rio de Janeiro: Paz e Terra, 1988, p. 51.

[74] *Jornal do Brasil*, 20 de março de 1900. In: LOPES, Antonio H. "Do monarquismo ao 'populismo': o *Jornal do Brasil* na virada para o século XX". Disponível em: http://nuevomundo.revues.org/sommaire1230.html.

Depois de medicado no Posto Central de Assistência, o Sr. Veiga veio trazer a presente queixa ao 'Jornal do Brasil', a qual registramos para o Sr. Diretor ler"[75].

Desde o início do século, como ficou dito, percebe-se nos jornais cariocas uma preocupação em se buscar o consentimento das classes subalternas. Isso fica particularmente nítido durante o ciclo de greves (1917-1920), quando o movimento operário ganha a primeira página dos jornais. Enquanto alguns setores das elites continuavam propugnando pela coerção aos movimentos sociais; outros, liberais, propunham claramente a hegemonização das camadas populares. Era preciso mudar para salvar o *status quo*, sentia a *intelligentsia*, menos cega pelos interesses fechados de classe[76].

Essa *intelligentsia* – que começava a se tornar orgânica, nos termos de Gramsci – conhecia a situação explosiva em que vivia a classe trabalhadora e sabia da necessidade de transformar suas condições de trabalho e vida. Por isso, contra os interesses imediatos do patronato, não hesitou em reconhecer as razões do movimento grevista, divulgando notas, convocações para assembleias e argumentando em favor de reivindicações específicas dos trabalhadores – jornada de trabalho de oito horas, descanso dominical, salário mínimo, aumento salarial etc. Assim, em 1918, entre notícias da Revolução Russa, da insurreição popular na Alemanha, das greves em São Paulo e no Rio de Janeiro, e da gripe espanhola, que vinha agravar a situação das camadas populares, o *Jornal do Brasil*, "órgão dos interesses do povo", ponderava:

> a dolorosa realidade em que se encontra a maioria da população nacional [...] devia aconselhar a todos os nossos homens públicos e aos políticos de todos os matizes uma *conduta de moderação*, asseguradora da ordem de que carece o país para atravessar esta hora crítica sem faltar às suas obrigações e sem oferecer o deprimente espetáculo da anarquia[77].

---

75 "Queixas do povo - Violência desnecessária", *Jornal do Brasil*, 4 de maio de 1919, p. 8.

76 Sobre o ciclo de greves e os reflexos da Revolução Russa no movimento operário brasileiro, cf. BANDEIRA, Moniz. *O ano vermelho: a Revolução Russa e seus reflexos no Brasil*. São Paulo: Expressão Popular, 2004.

77 *Jornal do Brasil*, 10 de março de 1917. In: BANDEIRA, Moniz, op. cit., p. 72.

Com essa disposição, o matutino era mesmo capaz de publicar manifestos de organizações de classe clamando pela greve geral, sem deixar, no entanto, de ressaltar que o movimento dos operários, "associando-se à greve geral, não obedece a fins políticos ou subversivos da ordem pública"[78].

A simpatia do jornal pelos proletários tinha limites claros. Quando, mais do que assistencialismo ou novas leis trabalhistas, os operários reclamavam um outro sistema político e econômico, o "popularíssimo" saía em defesa da ordem, da pátria, da indústria nacional e da repressão aos "bandoleiros da política republicana". Assim, ao mesmo tempo em que critica com veemência a "violência desnecessária" contra um trabalhador, o diário defende a ação enérgica e inflexível da polícia contra aqueles "elementos nocivos do proletariado".

> [...] A polícia se mantém vigilante, sendo firme propósito do Sr. Dr. Aurelino Leal, de acordo com as deliberações tomadas pelo governo, não permitir a menor tentativa de perturbação da ordem pública, tentativa que só pode partir dos elementos nocivos que exploram o operariado, arrastando-o aos excessos que todos lamentamos e que não se devem de forma alguma reproduzir.
>
> A ação da polícia vai agora se fazer sentir enérgica e inflexível contra esses elementos, perseguindo-os e castigando-os de forma a obstar de uma vez por todas a sua maléfica intromissão no seio da família operária, concorrendo tão somente para prejudicá-la e arrastá-la a ruína.[79]

A crítica do jornal não se dirige, portanto, ao proletariado, mas aos anarquistas e maximalistas[80], sem os quais o nosso povo, que é dócil, não criaria problemas. O popularíssimo não se cansou de chamar "a atenção dos nossos humildes homens de trabalho contra os promotores de desordens, contra os agitadores impelidos por um ideal desumano e que sempre quiseram fazer

[78] "Os metalúrgicos", *Jornal do Brasil*, 20 de novembro de 1918, p. 5.

[79] "Continuam em greve os tecelões e os metalúrgicos", *Jornal do Brasil*, 22 de novembro de 1918, p. 5.

[80] No Brasil, como na Itália, os maximalistas – também identificados como bolcheviques, posto que simpatizantes da Revolução de Outubro – eram aqueles que apregoavam um programa revolucionário radical (*máximo*) em oposição aos reformistas.

dos trabalhadores instrumentos de seu bárbaro e abominável sectarismo"[81]. Apelando para o nacionalismo, que se desenvolve amplamente nesse período, a imprensa reutiliza um velho e desgastado clichê das primeiras greves operárias no Brasil, o de que tais agitadores eram quase todos estrangeiros.

> A polícia, devido aos últimos movimentos que alarmaram a cidade, colheu nas suas malhas quase cem anarquistas, insistentes estimuladores dos desagradáveis movimentos por parte do nosso operariado.
>
> Entre todos esses homens, a mantenedora da ordem pública apenas encontrou um brasileiro, o que basta para deixar fora de dúvida que o anarquismo não encontra terreno propício no espírito dos trabalhadores nacionais.
>
> A minoria brasileira nas linhas anarquistas é de tal sorte eloquente que bem se pode afirmar haver no espírito dos nossos trabalhadores completa aversão pela seita de desordem e destruição que a vários países tem custado os mais dolorosos dissabores.[82]

Segundo Moniz Bandeira, a conta da polícia e do *Jornal do Brasil* estava errada, visto que, entre os presos apontados como cabeças do movimento encontravam-se José Oiticica, Astrojildo Pereira, João da Costa Pimenta e Agripino Nazaré – todos brasileiros[83].

Contemplando desejos de mudanças do proletariado e condenando o elemento revolucionário, havia, naquele momento de complexificação da estrutura social brasileira, um projeto de hegemonia sendo posto em prática no âmbito da imprensa liberal. Projeto que consistia, em última análise, na incorporação, despolitização e ressignificação da fala proletária. Tratava-se de moldar as "queixas do povo", aparar-lhes as arestas e imprimir-lhes um caráter reformista, trabalhista e liberal. A essa tarefa se prestou a imprensa periódica burguesa, abrindo, nesse mesmo processo, espaço para discursos efetivamente contra-hegemônicos. É o que veremos a seguir.

---

[81] "O governo e os operários", *Jornal do Brasil*, 23 de novembro de. 1918, p. 4.

[82] "Apenas um anarquista brasileiro", *Jornal do Brasil*, 28 de novembro de 1918, p. 5.

[83] BANDEIRA, Moniz, op. cit., p. 187.

Vozes dissonantes na imprensa burguesa

A construção da hegemonia burguesa ao longo da República Velha teve como contrapartida o desenvolvimento de processos contra-hegemônicos. Pois se as modernas relações de dominação, baseadas no consenso, envolviam, como forma de controle, a assimilação do popular ao nacional, isto é, o reconhecimento das camadas subalternas como sujeito político e cultural, isso abria brechas para a contestação popular à dominação a partir de dentro do próprio sistema simbólico dominante. A contra-hegemonia se coloca como possibilidade no momento em que, com o fortalecimento da sociedade civil, a supremacia de classe passa a envolver, além da coerção estatal, a direção político-cultural das massas, a busca do consentimento da dominação.

Parafraseando Marx, pode-se dizer que toda hegemonia traz em si o germe da contra-hegemonia. Há, na verdade, uma unidade dialética entre ambas, uma se definindo pela outra. Isso porque a hegemonia não é algo estático, uma ideologia pronta e acabada. Uma hegemonia viva é um processo. Um processo de luta pela cultura. "Deve ser continuamente renovada, recriada, defendida e modificada e é, continuamente resistida, limitada, alterada, desafiada por pressões que não são suas", observa Williams[84].

Quando, sob a influência dos sovietes, ganhava força no meio proletário brasileiro uma visão de mundo anticapitalista, a cultura dominante precisou ser reorganizada, de maneira a incorporar e deformar as vozes descontentes, esvaziando-as de seu conteúdo revolucionário. Esse processo garantiu às pressões populares uma certa legitimidade e um espaço, ainda que restrito e marginal, para a sua manifestação mais radical.

É assim que encontramos na imprensa burguesa textos não apenas antioligárquicos, nacionalistas, reformistas ou jacobinos, mas também anarquistas, socialistas e maximalistas – enfim, revolucionários. A rigor, verifica-se na grande imprensa, desde os primórdios da República, lateralmente ou de viés, a presença de textos contra-hegemônicos de diferentes matizes. A despeito da repressão e da cooptação dos homens de letras pelos grupos

[84] WILLIAMS, Raymond apud CHAUÍ, Marilena. *Conformismo e resistência: aspectos da cultura popular no Brasil.* São Paulo: Brasiliense, 1986, p. 22.

arrivistas da sociedade e da política, uma categoria marginal de intelectuais continuaria lutando pelos ideais republicanos "autênticos" de Quintino Bocaiúva e Lopes Trovão. Como observa Daniel Pécaut,

> enquanto alguns autores aceitaram adaptar sua pena ao gosto dos novos-ricos do Rio de Janeiro e às solicitações dos proprietários de jornais e editoras beneficiados pela expansão do público, outros reagiram, 'passando a uma condição de categoria social isolada'.[85]

Atuando nos interstícios do discurso autoritário da imprensa burguesa, um grupo heterogêneo de intelectuais ligados ao universo popular fez de sua atividade intelectual um instrumento de ação pública e de mudança histórica. Seu projeto de nação, marcado por um nítido sentido democrático, refletiu um engajamento em favor dos oprimidos e marginalizados.

Assim, ao lado do enluvado e encasacado artigo de fundo, no qual o diretor do jornal sustenta ideias motivadas por interesses privados; da colaboração literária intimista, ornamental e vazia; do noticiário, em que, como observa Olavo Bilac, impera o repórter, cuja principal obrigação é manter sempre acordada e excitada, com escândalo ou sem ele, a curiosidade do público; e do vasto domínio do anúncio, onde, segundo o poeta, "o Dinheiro é rei"[86], criam-se "cunhas", no dizer de Muniz Sodré, por onde afloram narrativas identificadas a interesses minoritários.

Narrativas mais ou menos radicais, inspiradas no "liberalismo autêntico", no anarquismo, num vago socialismo ou em alguma outra ideologia das que circulavam entre a classe trabalhadora. Umas, assimiláveis pelo projeto hegemônico nascente; outras, absolutamente avessas à ordem burguesa, preconizando a luta direta, a atividade política fora da ordem estabelecida, como no manifesto anarquista intitulado "A Revanche", publicado no *Jornal do Brasil* em março de 1918.

---

[85] PÉCAUT, Daniel. *Os intelectuais e a política no Brasil*. São Paulo: Ática, 1990, p. 23.

[86] BILAC, Olavo. "A propósito de um congresso". In: ______. *Vossa insolência*. São Paulo: Companhia das Letras, 1996, p. 172.

> Caso tenham os seus salários diminuídos, a sabotagem é uma arma poderosa que põe nas mãos dos trabalhadores a certeza de sua vitória na luta estabelecida contra o capital. A sabotagem emprega-se da seguinte forma: lenta e metodicamente vai desmoronando o castelo de privilégios patronais; hoje, quebram-se dois pratos, amanhã cinco copos e depois despeja-se no fogão uma lata de banha ou uma certa porção de carne, queima-se carvão demasiado, enfim, tudo que seja para prejudicar o 'coração', isto é, o interesse do patrão recalcitrante.[87]

A colaboração de anarquistas e socialistas na imprensa comercial é perceptível, pelo menos, desde a virada do século XIX. Pense-se, por exemplo, na atividade de Pausilipo da Fonseca, redator político do *Correio da Manhã* e diretor do semanário anarquista *Novo Rumo* (1905). De alguma forma, e na medida do possível, esses jornalistas se valiam de seus espaços nas folhas comerciais para a divulgação de ideias libertárias. Em São Paulo, na mesma época, o poeta Ricardo Gonçalves escrevia no *Comércio de São Paulo* pequenas notas de conteúdo anarquista, em geral nas colunas de canto: era a seção do "Corvo", que em tom jocoso trazia para o leitor da imprensa convencional opiniões e contrastes que lhe eram inteiramente inéditos[88].

A partir do final da Primeira Guerra, o desenvolvimento das relações capitalistas no Brasil e a ascensão do movimento operário aumenta a presença da fala popular – hegemonizada ou não – nos jornais cariocas. Nesse momento, paralelamente à sua atividade na imprensa operária, militantes, como José Oiticica, Astrojildo Pereira, Roberto Feijó, Domingos Ribeiro Filho, Leônidas Resende, Maurício de Lacerda, Fábio Luz, Evaristo de Moraes, Agripino Nazaré, dispunham de espaços na imprensa burguesa. O professor Oiticica, por exemplo, principal líder da greve insurrecional de 1918, publicava artigos inflamados no *Jornal do Brasil* e no *Correio da Manhã*. Havia também aqueles que, mais do que eventuais colaboradores, tinham coluna diária nos grandes jornais, como o português José Marques da Costa, que militava no jornal *A Pátria*, de João do Rio.

Houve, inclusive, importantes intelectuais ligados ao movimento operário que foram diretores de periódicos comerciais. Domingos Ribeiro

---

87 "A Revanche", *Jornal do Brasil*, 16 de março de 1918.

88 Cf. PRADO, A. Arnoni (Org.). *Libertários no Brasil*. São Paulo: Brasiliense, 1986.

Filho[89], por exemplo, um dos líderes da greve de 1918, foi redator-chefe da revista ilustrada *Careta*, que, a despeito de sua superficialidade, martelava as mazelas do governo com as lúcidas e ferinas crônicas de Lima Barreto e as extraordinárias caricaturas de J. Carlos, cujo caráter contra-hegemônico é sublinhado pelo autor de *Isaías Caminha*:

> a troça é a maior arma de que nós podemos dispor e sempre que a pudermos empregar é bom e útil.
>
> Nada de violências nem barbaridades. Troça e simplesmente troça, para que tudo caia pelo ridículo.
>
> O ridículo mata e mata sem sangue.
>
> É o que aconselho a todos os revolucionários de todo o jaez.
>
> J. Carlos, com uma caricatura no *O Jornal*, fez mais do que todo e qualquer revolucionário.[90]

Além de darem seu concurso na imprensa sindical e colaborarem de diferentes maneiras na grande imprensa burguesa – inclusive como gráficos, que em alguns momentos se recusaram a compor matérias caluniosas contra o proletariado[91] -, os intelectuais anarquistas e maximalistas atuaram também em pequenas e médias publicações alternativas. Os citados Lima Barreto e Domingos Ribeiro Filho, juntamente com Noronha Santos e os escritores Fábio Luz e Curvelo de Mendonça[92] fundaram, em 1907, a revista literária *Floreal*, "um tentame de escapar às injunções dos mandarinatos literários". Considerada por Werneck Sodré a única tentativa séria neste terreno, *Floreal* teve apenas quatro edições.

Em 1912, Maurício de Lacerda, um dos raros deputados de esquerda do período, e Leônidas Resende, um positivista simpático às ideias de Marx,

---

89 Já em 1903, Domingos Ribeiro Filho havia dirigido o semanário *A Avenida* (1903-1905). "Espírito em fulguração permanente", como a ele se referiu Astrojildo Pereira, o jornalista e escritor foi grande amigo de Lima Barreto e seu colega na diretoria da Secretaria da Guerra.

90 "Negócio de maximalismo", *Careta*, 29 de setembro de 1919.

91 Lembre-se que as principais lideranças do movimento anarquista brasileiro trabalharam como gráficos. É o caso de Edgard Leuenroth e João da Costa Pimenta.

92 Estes escritores anarquistas estão no grupo dos intelectuais que levaram a termo, em 1904, a criação da efêmera Universidade Popular de Ensino Livre, idealizada por Elísio de Carvalho.

fundaram o vespertino *A Nação*. Em sua primeira fase, o jornal nacionalista ecoava a voz dissonante de Lacerda no Congresso. Mais tarde, num segundo momento (1926-1927), dirigido pelo professor Leônidas, o jornal de orientação comunista teve importante papel na organização dos quadros sindicais, orientando, inclusive, a campanha do Bloco Operário e Camponês nas eleições de 1927.

O Debate – outro periódico de esquerda de vida curta – começou a circular em 1917, dirigido por Astrojildo Pereira e com a colaboração de Lima Barreto, Fábio Luz, Théo Filho, Maurício de Lacerda, Agripino Nazaré, Teodoro Magalhães, José Saturnino de Brito, Adolfo Porto e outros. Em seu primeiro número, declarava: "É necessário fazer reboar sobre o charco e em meio da calmaria podre o grito das consciências insatisfeitas"[93]. Dos jornais lidos pela pequena burguesia, talvez tenha sido esse o que de forma mais orgânica expressou o ideário das camadas subalternas naquela quadra histórica. Alguns de seus colaboradores estiveram no grupo de intelectuais que, em 1921, fundaram a versão brasileira da revista política *Clarté*, criada na França, em 1919, pelo escritor Henri Barbusse e difundida em vários países, com o objetivo de formar uma rede internacional do pensamento de esquerda[94]. A revista foi liquidada com o estado de sítio em 1922.

Entre os pequenos e efêmeros jornais alternativos, lidos por poucos, e a grande imprensa, em que, como diria Lima Barreto, para se chegar eram "necessárias mil curvaturas" e "atirar fora o que se tem de melhor na cachola", transitavam os jornalistas de esquerda na contracorrente. O próprio Lima, além de colaborar na imprensa burguesa, militou intensamente em jornais e revistas revolucionários ou ligados a associações de classe – *A Lanterna, O Cosmopolita, O Parafuso, A Patuleia, A Luta* – e em pequenos periódicos liberais, como a *Revista Contemporânea*, a *ABC*, o jornal *Brás Cubas*, pelos quais tinha grande simpatia. A leitura desses periódicos "obscuros" diz um de seus personagens, é o meio encontrado para "travar conhecimento com a

93 "O debate", *O Debate*, 12 de julho de 1917.

94 No Rio de Janeiro, o grupo *Clarté* reunia Nicanor do Nascimento, Evaristo de Moraes, Maurício de Lacerda, Luís Palmeira, Agripino Nazaré, Antônio Correia, Alcides Rosas, Pontes de Miranda, A. Cavalcante, Teresa Escobar, Vicente Perrota, Francisco Alexandre, Everardo Dias, Leônidas Resende, Luís Frederico Carpenter e Joaquim Pimenta, do Rio e cerca de 30 lideranças sindicais.

jovem inteligência de minha terra"[95]. Causava admiração, dizia ele, que "em tão detratado subúrbio, se agitassem tantas ideias diferentes e novas. (...) À vista dos nossos grandes jornais e revistas catitas, a *Pesquisa*, de Cascadura, é uma bela publicação intelectual"[96]. É por uma dessas pequenas revistas – a *ABC* – que Lima publica, em maio de 1918, um artigo intitulado "No ajuste de contas...", tido por muitos como um manifesto maximalista.

Tais periódicos liberais, embora dessem voz aos maximalistas e libertários, expressavam tendencialmente a visão de mundo dominante. É assim que, nessa mesma revista *ABC*, podia-se ler uma dura crítica aos bolcheviques em 1917, acusando-os de se unirem aos soldados alemães para "tripudiar sobre o cadáver da mãe pátria"[97]. Também o jornal *A Razão*, simpático ao socialismo e ao movimento operário, condenou a Revolução Russa e os bolcheviques – vistos "como agentes alemães" – por quererem "suprimir o direito de propriedade". Comentando a matéria, Astrojildo Pereira aponta aquilo que pode ser considerado o limite da imprensa liberal e do projeto de hegemonia burguês: "*Ecco!*... O que os capitalistas proprietários de *A Razão* não podem admitir é a supressão do sagrado direito de propriedade... Naturalmente!"[98].

A revolução era a única coisa que, definitivamente, não podia ser assimilada, devendo ser combatida pelos jornais liberais. O movimento de outubro de 1917 na Rússia foi condenado pela totalidade da imprensa burguesa, o que não impediu a publicação esparsa de textos em defesa dos bolcheviques. Vejam-se, por exemplo, as cartas que Astrojildo Pereira, sob o pseudônimo de Alex Pavel, dirigiu a diferentes jornais procurando desfazer o emaranhado de fabulações difundidas pelas agências de notícias internacionais (*Havas* e *United Press*) e ecoadas nos jornais do mundo inteiro. A despeito de seu conservadorismo, o *Jornal do Brasil*, publicou as cartas do jovem líder proletário. Pouco depois, em dezembro de 1918, tais cartas seriam reunidas num folheto intitulado *A Revolução Russa e a imprensa*.

---

95 BARRETO, Lima. "Vida e morte de J. M. Gonzaga de Sá". In: ______. *Prosa seleta*, op.cit., p. 591.

96 Ibid.

97 apud BANDEIRA, op.cit., p.132.

98 PEREIRA, Astrojildo (Alex Pavel). "A Revolução Russa e a imprensa". In: BANDEIRA, Moniz, op. cit., p. 422.

> Jamais, jamais se viu na imprensa do Rio tão comovedora unanimidade de vistas e de palavras, como neste instante, a respeito da Revolução Russa. Infelizmente, tão comovente quanto deplorável, essa unanimidade toda afinada pelas mesmíssimas cordas da ignorância, da mentira e da calúnia. Saudada quando rebentou e deu por terra com o czarismo dominante, a Revolução Russa é hoje objeto das maldições da nossa imprensa, que nela só vê fantasmas de espionagem alemã, bicho perigoso de não sei quantos milhões de cabeças e de garras.[99]

Mesmo o *Correio da Manhã* – jornal que, segundo Werneck Sodré, "levantou sempre o protesto das camadas populares"[100], embora tenha sido tomado por Lima Barreto, em seu primeiro romance, como emblemático do que eram todos os grandes jornais: "órgãos de frações da burguesia rica, da indústria, do comércio, da política ou da administração"[101] –, mesmo o *Correio da Manhã*, que defendera João Cândido em 1910, durante a Revolta da Chibata, reproduzia os tais telegramas internacionais, acusando a Rússia de "instrumento da Alemanha" e Lenin, de traidor disfarçado em socialista, fomentador da desordem[102]. Apesar disso, o Correio também era capaz de dar voz aos defensores da revolução bolchevique. Discursos radicais, nitidamente marxistas ou leninistas – e não apenas liberais radicais – tinham lugar nessa folha oposicionista. Veja-se, por exemplo, este artigo de um certo J. Ibiapina:

> vai se tornando costume inveterado entre nós o dizer mal do bolcheviquismo, das ideias que o inspiram, dos homens que o encarnam. Na imprensa diária, nos discursos dos políticos, nas plataformas dos chefes de governo, passou a ser moda apontar o movimento político que se opera na Rússia como um extravasamento das paixões subalternas da escória social, uma onda de lama que ameaça submergir as mais belas conquistas da civilização.

---

99 PEREIRA, Astrojildo (Alex Pavel). "A Revolução Russa e a imprensa". In: BANDEIRA, Moniz, op. cit., p. 405.

100 SODRÉ, Nelson Werneck, op. cit., p. 287.

101 BARRETO, Lima. "Sobre o maximalismo". In: BANDEIRA, Moniz, op. cit., p. 473.

102 "A água suja russa", *Correio da Manhã*, 5 de setembro de 1917.

> [...] Seria preferível se adotássemos um critério de mais tolerância nos conceitos que emitíssemos sobre acontecimentos desenrolados longe de nós e que, em regra, chegam ao nosso conhecimento através de fontes suspeitíssimas, alimentadas pelos polvos do capitalismo e seus servidores, que tomaram a si a tarefa de empalhadores das instituições hodiernas, à sombra das quais se vão eternizando as injustiças e explorações feitas à grande massa do povo, até agora privada dos mais elementares direitos e das mais rudimentares exigências do conforto.
>
> [...] Moral ou intelectualmente, serão os grandes capitalistas e seus servidores, que constituem a 'aristocracia artificial moderna fundada apenas na riqueza, sem talentos nem virtudes', porventura superiores a homens como Lenin, Trotsky, Lounatcharsky, e muitos outros, cujas vidas são uma série ininterrupta de sacrifícios em prol da regeneração humana?[103]

Já não se trata de um discurso que tem como objetivo incorporar a fala proletária e esvaziá-la de sua radicalidade, de se buscar o consenso ativo do dominado. Por essa brecha aflorou uma visão de mundo dificilmente assimilável pela ideologia dominante. As contradições sociais estão expostas. Aqui, o povo não é representado nem como "classe perigosa", nem como "pobres trabalhadores", mas como *classe social*, economicamente explorada. Ibiapina – seja esse o seu nome verdadeiro ou um pseudônimo – não hesita em citar, sem artifícios, o próprio "fundador da filosofia da práxis":

> porque não melhoram, com as facilidades da produção, as condições materiais do proletariado? A razão está nas seguintes palavras de Karl Marx:
>
> 'Se por um lado, a manufatura se apresenta historicamente como uma fase necessária no desenvolvimento econômico da sociedade, por outro lado, é um refinado método de exploração'.[104]

Embora conservadores, os jornais liberais eram tecidos de vozes diferentes e contraditórias. Veja-se, ainda como exemplo, o caso do vespertino *A Rua*, um diário de porte médio capaz de defender a extradição dos operários anarquistas estrangeiros, condenar os "piratas bolchevistas" e, ao mesmo tempo, de expressar a consciência de classe do proletariado. Quando, sob o influxo do nascimento da Terceira Internacional (1919), os operários cariocas

---

103 "O roto do esfarrapado", *Correio da Manhã*, 12 de novembro de 1923, p. 2.

104 Ibid.

se voltaram para um novo programa de lutas – o comunismo –, *A Rua* abriu-lhes um espaço para a divulgação de seus novos métodos revolucionários. Note-se, nesta entrevista, a simpatia do repórter pela causa do entrevistado:

> o proletariado nacional vai, parece certo, arregimentar-se e entrar em luta para a obtenção dos direitos que há muito reclama. Uma feição completamente nova desenha-se nos métodos de ação até agora adotados pelos trabalhadores do Brasil e a notícia que agora surge é promissora no campo da política nacional. [...]
>
> Assim, foi que nos falou um líder operário:
>
> _Vamos fazer o que já deveríamos ter feito há muitos anos. Somos nada mais do que eternos escravos das situações dominantes. A nós é negado todo e qualquer direito que a Constituição assegura. Se nos organizamos, estamos fora da lei; se protestamos contra explorações do capitalismo, somos criminosos; se erguemos a voz contra leis absurdas que nos vêm achincalhar, consideram-nos criminosos e quando, levados pela fome, reclamamos, a nossa miséria é um acinte para o poder. Mandam-nos para o estrangeiro ou para os sertões inóspitos do norte. É tempo de acabar com esse estado de coisas. [...]
>
> _Mas nos parece que dada a orientação que se quer seguir agora, haverá dissidência entre o elemento extremista e o moderado... [diz o entrevistador, referindo-se ao anarquismo].
>
> _Não, não há tal. Continuamos juntos: separamo-nos apenas por método de ação, para chegarmos juntos às mesmas finalidades. [...] Os extremistas continuarão dentro do seu programa e nós os ampararemos porque o que eles aspiram é o que nós aspiramos dentro da revolução.[105]

A presença de textos como este na imprensa burguesa será dificilmente compreendida se não considerarmos o clima pré-revolucionário que se instalou após a Primeira Guerra; "a ascensão burguesa em processo, trazendo a primeiro plano sua vanguarda, a pequena burguesia urbana, que assumia função política eminente"[106]; o "contrato de leitura" estabelecido entre a empresa jornalística e seus leitores, que influíam e eram influenciados pelos periódicos;

---

[105] "No mundo operário – Vão os trabalhadores do Brasil se organizar politicamente?", *A Rua*, 16 de outubro de 1920, p. 4.

[106] SODRÉ, Nelson Werneck, op.cit., p. 356.

a insatisfação de alguns donos e diretores de jornais com os governos oligárquicos; a presença nas redações de uma intelectualidade de baixa extração social, um segundo escalão de jornalistas sem títulos, *status* e diplomas que, não pertencendo à elite intelectual e econômica da sociedade, encontravam-se, pela sua própria condição de classe, ligados à vida das camadas populares.

Mais ou menos radicais, tais intelectuais *deplacés*, para utilizar a expressão de Maria Alice Rezende de Carvalho, defendiam a criação de instituições democráticas, contra o poder das oligarquias e as chocantes desigualdades sociais. Nem todos eles eram anarquistas, maximalistas ou pretendiam revolucionar a sociedade. Muitos aspiravam apenas melhorar as condições de vida do homem comum. Eram repórteres, caricaturistas, humoristas, críticos literários, redatores, cronistas da vida social que pretendiam corrigir hábitos e costumes, em nome do interesse público e da cidadania.

Podemos nos indagar sobre o saldo dessa militância na imprensa carioca; sobre o resultado dessa luta, em situação tão adversa, contra potentes e amplificadas vozes do capital. Daquelas falas marginais, algumas foram assimiladas, cooptadas pelo projeto hegemônico burguês; outras foram reprimidas, abafadas, discriminadas. Basta pensar na trajetória de Lima Barreto, nas sucessivas prisões de Orestes Barbosa, nos jornalistas ameaçados, espancados. Periódicos alternativos foram empastelados e sufocados economicamente. Em 1923, a Lei da Imprensa – ou "lei infame" ou "lei contra a imprensa" – de autoria do senador Adolfo Gordo teve como objetivo sufocar as vozes dissonantes no jornalismo brasileiro, invocando o lema da "liberdade com responsabilidade". Diz-se que seu alvo principal era a imprensa proletária, mantida pelos trabalhadores. Mas, certamente, ela atinge também as vozes críticas da grande imprensa. Tanto que, quando a lei foi aprovada no Senado, o *Correio da Manhã* estampou a manchete "Lei infame, lei celerada".

Mesmo reprimidas e marginalizadas, aquelas vozes minoritárias contribuíram, de alguma forma, para a decomposição da ordem estabelecida pela República dos Coronéis. No momento em que se vive o esboço daquilo que vai se tornar o Brasil moderno, essas vozes contra-hegemônicas de variados matizes, expressando os anseios populares de transformação social, influenciaram, certamente, o projeto de hegemonia do novo Estado posterior à Revolução de 1930. E, de certo modo, elas permanecem vivas nos textos críticos e inconformistas que até hoje afloram marginalmente nas folhas da imprensa burguesa.

BIBLIOGRAFIA

BANDEIRA, Moniz. *O ano vermelho: a Revolução Russa e seus reflexos no Brasil*. São Paulo: Expressão Popular, 2004.

BARRETO, Lima. *Prosa seleta*. Rio de Janeiro: Nova Aguilar, 2001.

BILAC, Olavo. *Vossa insolência (crônicas)*. São Paulo: Companhia das Letras, 1996.

CARONE, Edgard. *A República Nova: 1930-1937*. São Paulo: Difel, 1982.

CHAUÍ, Marilena. *Conformismo e resistência: aspectos da cultura popular no Brasil*. São Paulo: Brasiliense, 1986.

COUTINHO, Carlos Nelson. *Cultura e sociedade no Brasil: ensaios sobre ideias e formas*. Belo Horizonte: Oficina de Livros, 1990.

COUTINHO, Eduardo Granja. *Os cronistas de Momo: imprensa e carnaval na Primeira República*. Rio de Janeiro: Editora UFRJ, 2006.

EDMUNDO, Luís. *Rio de Janeiro de meu tempo*. Brasília: Senado Federal, 2003.

FAUSTO, Boris. *A revolução de 1930: historiografia e história*. 13. ed. São Paulo: Brasiliense, 1991.

LOPES, Antonio H. "Do monarquismo ao 'populismo': o *Jornal do Brasil* na virada para o século XX". Disponível em: http://nuevomundo.revues.org/sommaire1230.html.

PÉCAUT, Daniel. *Os intelectuais e a política no Brasil*. São Paulo: Ática, 1990.

PRADO, A. Arnoni (Org.) *Libertários no Brasil*. São Paulo: Brasiliense, 1986.

SILVA, Eduardo. *As queixas do povo*. Rio de Janeiro: Paz e Terra, 1988.

SODRÉ, Nelson Werneck. *História da imprensa no Brasil*. 3. ed. São Paulo: Martins Fontes, 1983.

FONTES

Correio da Manhã

O Debate

Gazeta de Notícias

Jornal do Brasil

A Rua

[2008]

IMPRENSA E HEGEMONIA NA PRIMEIRA REPÚBLICA: O CONTRAPONTO DISSONANTE DE JOSÉ OITICICA

Descobrir a identidade real sob a aparente diferenciação e contradição, e descobrir a substancial diversidade sob a aparente identidade, eis o mais delicado, incompreendido e, não obstante, essencial dom do crítico das ideias e do historiador do desenvolvimento histórico.

[A. Gramsci]

A imprensa carioca no contexto do capitalismo internacional

O significado político-cultural da imprensa em um dado momento histórico não pode ser explicado sem um exame das relações econômicas que a emolduram. Isto significa, em se tratando da Primeira República no Brasil, considerá-la não apenas no âmbito de uma sociedade oligárquica, latifundiária, baseada em uma economia agroexportadora, mas no contexto mais amplo do capitalismo internacional no início do século XX, ou seja, do capitalismo na fase de desenvolvimento em que, como consequência da extrema concentração da produção e do capital, toma corpo a dominação dos monopólios e das oligarquias financeiras – o *imperialismo*. Nessa fase típica de exportação de capitais, como observou Lenin, "começou a partilha do mundo pelos trustes internacionais e terminou a partilha de toda a terra entre os países capitalistas mais importantes" (1981, p. 99). O fato de estarmos subordinados ao imperialismo nos obriga a considerar o comprometimento dos jornais e revistas com a criação e difusão das ideias necessárias à dominação do capital especulativo. Nesse momento, ainda conforme Lenin, "a dominação da oligarquia financeira é absoluta, manda na imprensa e no governo" (1981, p. 60).

Em seus artigos jornalísticos, o anarquista José Oiticica ressaltou os laços que uniam os jornais, as agências de notícias, a finança, o poder público e as potências estrangeiras; chamou a atenção para a função da imprensa na construção de uma imagem positiva dos capitalistas internacionais e o seu "papel funesto" como veículo e instrumento dos "argentários da guerra". Observou, por exemplo, como, nos EUA, "a imprensa, manejada por banqueiros, reclamava diariamente avanços na Sibéria e na China" (7 de janeiro de 1922); como, na Itália, os industriais da guerra, concorreram para a fundação do *Banco di Sconto*, que tinha a seu soldo jornais como o *Paese* e o *Época* (11 de fevereiro de 1922); e como, na França e na Alemanha, a imprensa escravizada aos reais do ouro moveu uma campanha contra a lei das oito horas de trabalho, duramente conquistada.

> Só na Alemanha, onde impera Stinnes, são 70 jornais comprados para esse fim. Na França, os grupos Schneider e Loucheur dispõem de mais ainda. Os mais lidos, como o *Echo de Paris*, o *Temps*, *o Matin*, o *Figaro*, o *Petit Journal* são, confessada e provadamente, órgãos assoldadados ao agiotismo cobiçoso (25 de março de 1922).

No Brasil, assinala Oiticica, as agências de notícias internacionais fixaram o seu "tentáculo nefando" no pós-guerra, aprofundando a dominação do grande capital (24 de dezembro de 1921). A *United Press*, que desde 1918 prestava serviços a *O Estado de São Paulo*, passou a trabalhar com o *Jornal do Brasil* em 1922 e pouco depois forneceu, com exclusividade, artigos a *O Jornal*, de Assis Chateaubriand. Também a *Associated Press* e a *Havas*, com seus escritórios no Rio de Janeiro, controlavam parte substancial da informação veiculada por diversos jornais brasileiros. A imprensa revelava-se um recurso importante para garantir às associações internacionais de capitalistas negócios e inversões de capital em condições particularmente vantajosas[107].

[107] Por meio dessas inversões, o capital internacional, fundamentalmente britânico, dominou a economia brasileira, controlando todas as condições externas de sua principal atividade produtiva. Eram inglesas as principais firmas de exportação do café brasileiro, assim como "os bancos que financiavam o tráfico, as estradas de ferro e as companhias de navegação que o transportavam" (Singer, 2006, p. 403). Tais firmas, remuneradas por juros extorsivos, eram as principais credoras junto ao governo brasileiro de uma dívida externa que não parava de crescer em função dos empréstimos especulativos, ampliando-se em 25% somente entre 1921 e 1922.

Numa sociedade em que a questão social era tratada como "caso de polícia" e o povo, ausente das decisões políticas, era marginalizado da produção intelectual do país por um rígido modelo de exclusão social, a opressão econômica exercida pela oligarquia financeira em aliança com as classes dominantes locais se alicerçava muito mais nos aparelhos de coerção (burocráticos, policiais, militares) do que nos aparelhos de hegemonia (entre eles a imprensa), responsáveis pela obtenção do consenso dos dominados.

Entretanto, com a industrialização e urbanização do país, sobretudo a partir da Primeira Guerra Mundial, e o surgimento de novos atores políticos (o proletariado e as camadas médias urbanas) verificou-se uma modernização – ainda que "conservadora" – da sociedade brasileira e um relativo fortalecimento da sociedade civil. Aos poucos, as relações de dominação baseadas na força, foram complementadas por relações de direção político-ideológica. Nesse contexto, a imprensa ganhou importância como instrumento de hegemonia, mediação entre as classes e indução de correntes de opinião.

Emblemática das relações entre o capital monopolista e a imprensa na Primeira República foi a atuação do advogado, jornalista e empresário Assis Chateaubriand (1892-1968) em defesa do capital estrangeiro no país, notadamente dos interesses da Light e das empresas do norte-americano Percival Farquhar, um dos mais influentes e poderosos "caçadores de concessões" que atuaram no Brasil no período em estudo.

O império jornalístico de Chateaubriand floresceu favorecendo e sendo favorecido pelo capital financeiro. Sua defesa *incontinenti*, na imprensa e nos tribunais, dos investidores estrangeiros foi sem dúvida o que lhe permitiu criar um dos maiores conglomerados de mídia da história da imprensa no Brasil, os Diários Associados, reunindo, em seu auge, 36 jornais, 18 revistas, 36 estações rádios e 18 emissoras de televisão. A formação desse império tem seu início na Primeira República, precisamente em 1924, com a aquisição de *O Jornal*.

Quando nos anos 1920 os norte-americanos começam a participar de forma mais significativa do nosso financiamento externo, Chateaubriand já se revela um importante aliado da "grande democracia do Norte" e um inimigo feroz das iniciativas de proteção da economia nacional. Isso fica patente, por exemplo, quando o então presidente de Minas Gerais, Arthur Bernardes, líder do movimento nacionalista, recusou-se a entregar a Farquhar as concessões para a exploração de ferro no vale do rio Doce. Na ocasião,

Chatô foi contratado pelo magnata, tornando-se o testa de ferro de sua empresa, a Itabira Iron, no Brasil. Seus artigos no *Correio da Manhã* eram uma defesa aberta e apologética do capital estrangeiro, que, segundo ele, deveria ser tratado "com certo carinho".

> A fórmula jacobinista – o Brasil para os brasileiros – é uma dessas expressões tão idiotas, que nem paga a pena refutá-la. [...] De 1914 a 1919 eles [os Estados Unidos] se tornaram o empório do ouro no planeta. Enriqueceram tanto que não sabem o que fazer do seu metal. Todavia, para viver, para alimentar as suas imensas coletividades operárias, a América está precisando do pobre Brasil, da arruinada França, da pequenina Bélgica, da faminta Alemanha, tanto como todos nós estamos precisando do crédito e do ouro dela! [...]
>
> O Brasil não tem outro caminho a escolher: ou ele importa inteligência, capital e braços estrangeiros para trabalhar, ou se resigna a viver uma existência medíocre, miserável, na vastidão territorial que um destino benigno lhe concedeu. [...]
>
> A América do Norte conseguiu atingir ao grau de desenvolvimento industrial e agrícola a que alcançou, graças à confiança que os capitais ingleses, holandeses e alemães sempre tiveram nas leis, nos Estados americanos e nos costumes desse grande povo. Enquanto os outros países do continente se conservaram presos a ideias retrógradas do jacobinismo econômico e político, a República de Washington abria os braços ao estrangeiro, facilitava a introdução de capitais de fora na economia nacional, de modo a robustecê-la do sangue novo, que lhe transfundiam os velhos organismos financeiros do antigo mundo.
>
> Pregar, entre nós, o nacionalismo exclusivista, do ódio ao estrangeiro, é negar todo progresso que aí temos realizado, e que é o fruto do nosso esforço com a cooperação dos homens laboriosos e ativos, que investiram o seu ouro, a sua inteligência, o seu braço, na obra do desenvolvimento coletivo brasileiro. Há muitos compatriotas nossos que pelo simples fato de uma empresa, a qual conosco vem trabalhar, ser estrangeira, passam logo a tratá-la como um grupo de patifes, que aqui aportaram para sugar como morcegos o nosso sangue e explorar-nos, como escravos. [...]

> O Brasil não será agora, não poderá nem deverá ser nunca, apenas para os brasileiros, mas, sim, para todos os homens de boa vontade – russos, italianos, turcos, alemães etc. – que quiserem identificar-se conosco pelo trabalho, pela justiça, para a construção de uma democracia de fraternidade e de amor, capaz de fazer cidadãos justos e bons (9 de março de 1922).

Com igual desvelo, Chateaubriand defendeu, de 1919 a 1946, a Light do Rio de Janeiro, concessionária que tinha o monopólio da energia elétrica, dos bondes, do gás e do telefone. Combatida por setores nacionalistas, a Light se valia de seu enorme poder econômico para desfazer a imagem negativa que tinha junto à opinião pública. Para isso, dispunha de um departamento de publicidade, incumbido de trabalhar com a imprensa e os jornalistas, algo que mais tarde seria conhecido como assessoria de imprensa. Segundo velhos jornalistas que atuaram no período, seus artifícios publicitários para "silenciar campanhas" contra a empresa ou obter matérias elogiosas iam desde a compra de jornalistas com passes gratuitos de bondes ou com um bico na empresa, até o pagamento em dinheiro ou em serviços a jornais em troca de anúncios ou matérias pagas (os chamados "invisíveis da Light"). Quando se fundava um jornal, lembra o jornalista Álvarus, "a Light logo colocava à disposição vinte, trinta, quantos telefones fossem pedidos, luz e força e não cobrava nada" (Associação Brasileira de Imprensa, 1980).

Marginal em relação ao *establishment*, Lima Barreto (1881-1922) não deixará de criticar, ao longo de toda sua trajetória literária e jornalística, a venalidade da imprensa e o seu comprometimento com as oligarquias e o Estado brasileiro – a "rede de malhas estreitas" que unia plutocratas, autoridades policiais e a grande imprensa contra os trabalhadores. Em 1922, numa crônica sobre a Lei de Imprensa publicada na revista *Careta*, refere-se sarcasticamente à subordinação da imprensa ao capital financeiro: "O sujeito que não provar ter tido vultosas transações com companhias de estradas de ferro não pode escrever nos jornais, nem mesmo nos 'a pedidos'. Creio que assim estará salva a moralidade da 'imprensa' e a segurança do Estado" (2001, p. 870).

Vozes conservadoras, reformistas e revolucionárias

Se é verdade que, como observa Nelson Werneck Sodré, as forças que dominavam a imprensa no início do século XX eram o Estado e o capital comercial (1983, p. 278)[108], é preciso observar, porém, que *esse* era um Estado acorrentado ao capital financeiro sediado nos países centrais, e que entre o referido capital comercial nativo e o capital bancário ou financeiro estrangeiro havia relações de bastante harmonia. Se a coalizão entre esses capitais molda a política econômica estatal segundo seus interesses (Décio Saes apud Souza, 2002, p. 8), não é estranho que molde também a ideologia do Estado e domine a imprensa.

Assim, mesmo não sendo de propriedade de banqueiros internacionais, os principais jornais brasileiros estavam indiretamente subordinados aos interesses do grande capital, prontos a embelezar os seus negócios. É ilustrativo dessa intimidade da imprensa com os bancos o episódio narrado pelo jornalista Luís Werneck de Castro:

> como todos os jornais da época, A Rua vivia numa situação financeira muito precária. Havia ocasiões que faltava dinheiro e, então, o Lança Cordeiro, português, recorria ao Germano, outro português, gerente do Banco Ultramarino e lá descontava uma promissória de dez contos de réis, com o prazo de três meses. Quando chegava o segundo mês e não havia dinheiro, era preciso que o Cordeiro fosse procurar o Germano, pedindo que ele fizesse anúncios sobre questões bancárias ou o intercâmbio Brasil-Portugal e publicava estas colunas para compensar a dívida (Associação Brasileira de Imprensa, 1980, p. 204).

Note-se que, embora hegemonizada pelo capital mercantil-financeiro, a imprensa brasileira era atravessada por diversas vozes, que exprimiam interesses de diferentes grupos sociais. Num jornalismo tão estreitamente vinculado ao Estado, este entrecruzar de vozes expressa, em alguma medida, a

---

[108] Luís Edmundo lembra que a maioria dos jornais no Rio de Janeiro de seu tempo pertencia, direta ou indiretamente, a "um bando de comerciantes iletrados", "os nababos da terra". "Deles são as oficinas de impressão e ainda os imóveis onde as mesmas se instalam e funcionam, as cartas de fiança ou outras garantias para instalação e funcionamento das empresas, deles o crédito para a compra da tinta e do papel, finalmente deles o anunciozinho, embora muito mal pago, porém, representando a vida e a prosperidade da gazeta" (2003, pp. 643-644).

correlação de forças no interior do Estado oligárquico, isto é, o conflito de interesses entre as frações da classe dominante[109]. Os jornais eram a fala da burguesia latifundiária – o antigo baronato brasileiro – em conflito latente com o capital comercial local e o capital externo; do capital mercantil – as grandes firmas exportadoras aliadas a bancos estrangeiros, com seus interesses especulativos e aventureiros; do capital industrial, relegado a segundo plano pela política econômica dependente do Estado brasileiro; e da pequena burguesia, a defender os interesses de seu pequeno comércio.

Mas não eram apenas as vozes da burguesia que ecoavam na imprensa burguesa. Desde o final do século XIX, alguns jornais liberais, assumindo uma clara estratégia de diálogo com as camadas não proprietárias, começavam a contemplar e incorporar anseios e reivindicações da classe média nascente – funcionários públicos, militares de carreira, alunos da Escola da Praia Vermelha, estudantes de escolas superiores – e do proletariado urbano, que principiava a se organizar e se agitar. Encontravam-se, nas folhas cariocas, seções que, de alguma forma, defendiam interesses da classe trabalhadora: colunas como "Queixas do povo" (*Jornal do Brasil*), "Correio operário" (*Correio da Manhã*), "Operariado" (*A Rua*), "Queixas e reclamações" (*O País*), "A voz do povo" (*Gazeta de Notícias*), sem falar na crônica carnavalesca, na qual os negros, mulatos e brancos pobres encontravam um espaço de reconhecimento do seu carnaval, livre das perseguições policiais (Coutinho, 2006).

Percebe-se, portanto, a preocupação das elites em buscar o consenso das classes subalternas. Isso fica particularmente nítido durante o ciclo de greves (1917-1920), quando o movimento operário ganha a primeira página dos jornais. Enquanto alguns setores dominantes continuavam propugnando pela coerção aos movimentos sociais, outros, liberais, propunham claramente a cooptação das camadas populares. Era preciso mudar para salvar o *status quo*, sentia a *intelligentsia* menos cega pelos interesses fechados de classe.

---

109 Tais interesses, entretanto, não são claramente delimitados, uma vez que, como observa Franscisco de Oliveira, "o antagonismo no seio da própria burguesia não se reveste de formas simples de antagonismo entre os proprietários do capital" (2006, p. 408). Havia uma certa indistinção entre a burguesia agrária, mercantil e industrial: muitas vezes, cafeicultores, comerciantes e industriais eram as mesmas pessoas, as mesmas famílias. Essa indistinção se refletia na imprensa: era possível encontrar numa mesma folha vozes de diferentes setores da oligarquia.

Essa *intelligentsia* que começava a se tornar orgânica, nos termos de Gramsci, conhecia a situação explosiva em que vivia a classe trabalhadora e sabia da necessidade de transformar suas condições de trabalho e vida. Por isso, contra os interesses imediatos do patronato, não hesitou em reconhecer as razões do movimento operário, divulgando notas, convocações para assembleias, greves e argumentando em favor de reivindicações específicas dos trabalhadores – jornada de trabalho de oito horas, descanso dominical, salário mínimo, aumento salarial etc.

Havia, naquele momento de complexificação da estrutura social brasileira, um projeto de hegemonia sendo posto em prática no âmbito da imprensa periódica burguesa. Projeto que consistia, em última análise, na incorporação e ressignificação da fala proletária. Tratava-se de moldar as "queixas do povo", aparar-lhes as arestas e imprimir-lhes um caráter reformista, trabalhista e liberal (Coutinho, 2008).

Ocorre que a construção da hegemonia burguesa teve como contrapartida o desenvolvimento de processos contra-hegemônicos. Ao incorporar a fala proletária, a cultura oficial se abria, inevitavelmente, para vozes dissonantes. É assim que encontramos na imprensa comercial textos não apenas antioligárquicos, nacionalistas, reformistas, mas também anarquistas, socialistas e maximalistas – enfim, revolucionários. A rigor, desde os primórdios da República, mas sobretudo a partir do final da Primeira Guerra, verifica-se nos principais jornais cariocas a presença de discursos contestatórios de diferentes matizes. Nesse período, paralelamente à sua atividade na imprensa operária, alguns militantes e intelectuais, como José Oiticica, Astrojildo Pereira, Roberto Feijó, Domingos Ribeiro Filho, Leônidas Resende, Maurício de Lacerda, Fábio Luz, Evaristo de Moraes, Agripino Nazaré, dispunham de espaços para defender suas ideias nos periódicos burgueses.

Dentre os jornais liberais que abriram suas páginas às ideologias das classes não proprietárias na Primeira República, o *Correio da Manhã* era talvez o que expressava mais claramente o referido projeto de hegemonia, propugnando por um novo padrão de relacionamento das elites com os grupos populares, baseado não mais na força, e, sim, no consenso desses grupos.

Tido como um jornal combativo e independente em relação aos governos que se sucederam nas primeiras décadas do século, o *Correio da Manhã* era, possivelmente por isso mesmo, o mais lido pelas camadas médias da capital. Sua tiragem ficava em torno dos 40 mil exemplares, enquanto que a de *O Paiz*, jornal intimamente ligado ao poder, era de três mil (Associação Brasileira de Imprensa, 1980, pp. 191-192).

Embora tenha sido um tanto idealizado por cronistas como Luís Edmundo e até mesmo por historiadores como Nelson Werneck Sodré, para quem o *Correio da Manhã* "levantou sempre o protesto das camadas populares" (Sodré, 1983, p. 287), *A Gazeta* surge de fato como um jornal inovador, oposicionista, corajoso, disposto a contrariar certos interesses das oligarquias. Era um jornal de opinião, liberal, numa época em que o liberalismo ainda era "uma ideia fora do lugar". Em seu primeiro número, a 15 de junho de 1901, trazia um artigo de fundo (editorial), escrito pelo seu dono e diretor Edmundo Bittencourt, em que se lia:

> a praxe de quantos até hoje têm proposto pleitear no jornalismo nosso a causa dos direitos e das liberdades populares tem sido sempre a afirmação antecipada, ao público, da mais completa neutralidade. Em bom senso sabe o povo que essa norma de neutralidade com que certa imprensa tem por costume carimbar-se é puro estratagema, para, mais a gosto, e jeito, poder ser parcial e mercenária. Jornal que se propõe a defender a causa do povo não pode ser, de forma alguma, jornal neutro. Há de ser, forçosamente, jornal de opinião (apud Luís Edmundo, 2003, p. 647).

Em muitas circunstâncias o matutino de fato defendeu "a causa do povo". Em 1910, por exemplo, foi um dos poucos jornais que apoiou João Cândido quando da Revolta da Chibata; em 1922, não se opôs aos levantes militares, iniciados "com a tomada do Forte de Copacabana, postura que lhe custou a suspensão das atividades entre agosto de 1924 e maio do ano seguinte (Associação Brasileira de Imprensa, 1980, p. 163-164). Contudo, tal empatia com os movimentos sociais tinha limites claros. Quando, mais do que assistencialismo ou novas leis trabalhistas, os operários reclamavam um outro sistema político e econômico, o *Correio* saía em defesa da ordem e da pátria. Quando os trabalhadores se levantaram na Rússia contra a opressão do capital, o jornal de Edmundo Bittencourt reproduziu, como todos os demais, os telegramas divulgados pelas agências internacionais, acusando a Rússia de "instrumento da Alemanha" e Lenin, de traidor disfarçado em socialista, fomentador da desordem (5 de setembro de 1917). Como observou Astrojildo Pereira, o que os jornais liberais "não podem admitir é a supressão do sagrado direito de propriedade... Naturalmente!" (apud Bandeira, 2004, p. 422).

Em seu primeiro romance, *Recordações do escrivão Isaías Caminha* (1909), Lima Barreto representa de forma cáustica o jornalismo de seu tempo, retratando e fustigando, particularmente, um jornal identificado como o *Correio da Manhã*, tido como representativo do que eram todos os grandes jornais: "órgãos de frações da burguesia rica, da indústria, do comércio, da política ou da administração" (apud Bandeira, 2004, p. 476). Não deixa de ser curioso o fato de Lima Barreto ter tomado como exemplo de jornal comprometido com as oligarquias justamente aquele que mais lhes fazia oposição. É possível que o autor considerasse essa "oposição jornalística" – título de uma de suas crônicas sobre o "Reino do Jambom" – como uma oposição condicionada por interesses financeiros, que pouco tinha a ver com convicções políticas (2001, p. 893). Lima parecia dizer que se havia independência do *Correio da Manhã* em relação aos governos, não havia certamente em relação ao capital.

É o que se depreende da explicação de Sidney Chalhoub sobre a posição do diário em relação à reforma urbana encabeçada pelo engenheiro Pereira Passos no período de 1902 a 1906. Tais reformas, diz ele, opuseram dois grupos de interesses bastante distintos: de um lado, a burguesia ligada ao grande comércio de importação, aos meios de transporte e à construção civil; de outro, um grupo talvez menos poderoso, porém bastante tradicional na cidade, constituído pela pequena burguesia ocupada até então com a exploração das casas de cômodos e dos cortiços, e o pequeno comércio varejista dos armazéns, armarinhos, vendas etc. Evidentemente, diz ele, eram os grandes empresários e especuladores imobiliários que tinham interesse nas reformas de "saneamento" e "embelezamento" da cidade.

Apoiados em uma retórica que tentava imputar a esses pequenos comerciantes e proprietários de habitações coletivas a responsabilidade exclusiva pelo "atraso colonial" e pelas epidemias que de quando em vez assolavam a capital federal, os empresários mais poderosos e a administração municipal que os representava procuravam desapropriar e demolir casarões, cortiços e pequenas casas comerciais, sob o pretexto da necessidade de sanear a cidade e transformá-la numa metrópole moderna, dotada de ruas largas e avenidas, a exemplo das grandes cidades europeias.

> O *Correio da Manhã*, na realidade, apoia abertamente a grande burguesia comercial nesta luta contra a pequena burguesia, olhando com bons olhos o suposto sopro 'civilizador' trazido pelo Sr. Pereira Passos (1986, p. 93).

Esse posicionamento do jornal ao lado dos capitalistas mais poderosos não o impede, contudo, de defender a população mais pobre desalojada pelo "bota-abaixo" quando o governo não cumpre a promessa de construir moradias para os trabalhadores que perderam seu teto no centro da cidade.

Em diferentes momentos da Primeira República, os críticos mais radicais do regime expressaram sua desconfiança em relação ao projeto reformista do *Correio da Manhã*. Na década de 1920, no contexto de reação ao movimento operário, os comunistas se manifestaram contra o matutino que, segundo eles, estaria envolvido com vários jornais cariocas numa vigorosa campanha contra o Bloco Operário Camponês (BOC). Em matéria publicada no jornal de orientação comunista *A Nação*, dirigido pelo professor Leônidas Resende, o *Correio* é associado aos interesses das grandes empresas.

> Como Vanguarda, A Noite e outros jornais capitalistas, o Correio publica os anúncios dessas empresas. Em troca, silencia a miséria dos operários e empregados desses imperialistas. [...] Faz a política desses opressores. Aplaina o caminho para a absorção do Brasil por esses imperialistas. Combate os comunistas brasileiros porque estes constituem o grande obstáculo a essa obra maldita. [...] Abaixo os jornais corrompidos pelos capitalistas estrangeiros! Viva o bloco de ferro dos 30 milhões de proletários e pequenos burgueses! (apud Karepovs, 2001, p. 275).

Admitindo-se a hegemonia do grande capital entre as forças políticas que se entrecruzavam no jornal de Bittencourt, é preciso enfatizar, contudo, que este não era um jornal monológico, incapaz de dialogar com as diversas tendências do espectro político-ideológico. Tanto é assim que, contra as correntes conservadoras que se recusaram a reconhecer a eleição dos dois representantes do BOC para a Câmara Municipal carioca, o *Correio da Manhã* sustentava que havia muito mais perigo nas manobras dos que "querem roubar um direito líquido, certo e incontestável, substituindo a vontade soberana das urnas pelo capricho odiento e mesquinho das facções interesseiras, desorientadas e impelidas ao sabor dos conchavos secretos e imorais" do que nos comunistas (Karepovs, 2001, p. 480).

Leão Veloso (1856-1923), primeiro redator-chefe do *Correio da Manhã*, expressa, talvez melhor do que ninguém, a perspectiva reformista e democratizante do jornal, baseada na compreensão de que eram necessárias transformações sociais significativas não apenas para impedir que o povo fizesse a revolução, mas para se criar um estado de direito, modernizar a vida social, corrigir hábitos e costumes em nome do interesse público e da cidadania. Leão Veloso, homem de gosto e erudição (basta pensar na sua famosa sopa!), era sutil o suficiente para colocar as ideias socialistas a serviço da ordem burguesa.

As ideias e as próprias ações inspiradas no socialismo vão caminhando e, muito embora sejam temíveis e respeitáveis os obstáculos que a elas se opõem, ninguém pode deixar de reconhecer, em todas as sociedades cultas do mundo, os traços da sua missão reformadora.

> Na luta contra o novo ideal, naturalmente, as forças que mantêm a sociedade atual e querem livrá-la dos novos credos procuram fazer-lhes concessões, pactuar com eles, atender os seus reclamos, de maneira a evitar, de sua parte, um assomo de energia capaz de desmantelar de vez as bastilhas da sociedade capitalista. Uma análise sumária dos empreendimentos que o Estado se vai cometendo, dilatando cada dia a sua esfera de ação em favor da coletividade, demonstraria que é o socialismo que o está obrigando a eles; que o Estado, aumentando progressivamente seus encargos, visa a uma única coisa: pôr-se ao lado das reivindicações sociais, caminhando paralelamente com elas, de maneira a embargar-lhe os passos e conter a sua marcha avassaladora. Não é tanto o progresso das ideias, a soberania do direito que o está demovendo de seu egoísmo, mas o temor pela segurança de suas instituições, que, para se manterem, terão que transigir com as novas forças, e procuram abrigar-se à sombra de seu credo. [...]
>
> [No mundo inteiro,] a regulamentação do trabalho, feita em atenção aos direitos do operário; a proibição do trabalho aos menores; o regime das oito horas; a assistência monetária às operárias grávidas; a higiene das indústrias, das escolas e muitas outras instituições da hora vigente traduzem, apenas, concessões feitas pelo Estado às reivindicações socialistas, com o intuito de manter o seu prestígio e autoridade. Todas elas, porém, não representam mais que migalhas do grande acervo das aspirações do socialismo e procuram apenas iludir o leão que começa a rugir no horizonte. [...]

> O Brasil está como todo o mundo dentro do âmbito onde se agitam essas ideias de renovação social. Não parece, todavia, que aqueles a quem cumpre zelar pela defesa do país vejam, com exatidão, o alcance desse fenômeno histórico, que ameaça subverter a ordem política e econômica do planeta. [...] Nem desses paliativos, que visam sobretudo [à segurança do Estado], se lembram os presumidos órgãos da soberania nacional. As forças que procuram inverter a ordem social, se as houver, como é crucial que haja, encontram livre o campo para agir (3 de abril de 1922).

Se Leão Veloso expressava o projeto de um setor esclarecido das elites que reconhecia a necessidade de incorporar o povo à nação, de lhe reconhecer o direito à cidadania, havia também, entre os articulistas do *Correio da Manhã*, líderes e representantes das próprias camadas populares que apostavam no caminho da reforma, na luta operária por transformações sociais no âmbito do Estado burguês. É o caso de Evaristo de Moraes (1871-1939), advogado de grupos operários e um dos fundadores do Partido Socialista do Brasil, em 1917.

Escrevendo na "Coluna operária" ou em outras seções do *Correio da Manhã*, Evaristo de Moraes refutou sistematicamente a estratégia revolucionária, violenta, como caminho para a transformação social. Estratégia que, segundo ele, "só tem servido para constantes sacrifícios de abnegados e para prova periódica da dedicação da Polícia às instituições do Capitalismo" (5 de junho de 1925).

> Só a ilusão do fanatismo consegue enganar alguns espíritos pouco observadores, só a educação meramente livresca de certos operários, aliás, dignos de apreço e de estima, leva-os a preferir tal solução, sem atender à falta de preparo, para ela, da maioria do nosso proletariado, nem às lições das mais tristes experiências, entre nós, no terreno da violência (ibid.).

Evaristo pregava uma solução "pacífica" para a questão social, o que envolvia, certamente, a organização política do operariado para o fim de intervir na legislação e na administração do país. Por meio do voto nas eleições e da pressão dos sindicatos organizados, os trabalhadores conseguiriam impor suas reivindicações, obter a necessária reforma do Estado e a consequente proteção para que não fossem espoliados nas relações contratuais de trabalho. Assim, diz ele, "se conjugariam a ação sindical e a ação política, segundo a fórmula do Socialismo oportunístico, verdadeiramente prático e eficiente, do Socialismo que não vive do sonho, nem da fantasia" (ibid.). Tratava-se de melhorar as condições de vida da classe trabalhadora por meio de uma legislação tendente a "harmonizar o trabalho com o capital". Tal legislação interessava também aos patrões num momento de crise industrial e intensa insatisfação operária. Afinal, adverte ele, "encontra-se, ou não, no descaso pelo sofrer dos humildes, um fermento ativíssimo de revolução?" (10 de janeiro de 1924).

José Oiticica: um libertário na imprensa burguesa

Em contraste com as tendências reformistas e democratizantes que predominavam no *Correio da Manhã*, não se pode deixar de assinalar a presença de vozes que, longe de pretenderem harmonizar trabalho e capital, clamavam pela abolição do capital, do trabalho assalariado e da propriedade privada. Entre tais vozes não "hegemonizáveis" sobressaía-se com grande destaque, pela sua radicalidade, a do militante anarquista José Oiticica (1882-1956).

Líder da greve insurrecional de 1918 no Rio de Janeiro e um dos grandes nomes da história do anarquismo no Brasil, Oiticica tinha trânsito no mundo burguês. Era respeitado na academia pela erudição de sua obra, que envolve estudos linguístico-filológicos, poesias e textos de caráter político, bem como pela sua atividade como docente no Colégio Pedro II, onde lecionou por 35 anos. Paralelamente à sua colaboração na imprensa libertária, em periódicos como *Ação Direta*, *Cinco de Julho*, *Spartacus*, *Livre Pensador*, *A Lanterna*, *A Plebe* e *A Vida*, Oiticica militou na imprensa comercial, notadamente no *Correio da Manhã* e no *Jornal do Brasil*, na qual manifestou sua descrença no pacto do operariado com as elites, no Estado protetor, nas eleições como forma de participação política e na reforma das leis, vista por ele como um meio de dominação do trabalhador.

Mais do que eventual colaborador, Oiticica dividiu a coluna nobre na página dois do *Correio da Manhã* com grandes nomes do jornalismo carioca nos anos 1920. Múcio Leão ocupava a coluna aos domingos; Leão Veloso, às segundas; Mário Guedes, às terças; Mário Rodrigues, às quartas; Assis Chateaubriand, às quintas; Costa Rego, às sextas e ele, o autor de *A doutrina anarquista ao alcance de todos*, aos sábados.

Pelo menos desde 1918, Oiticica já escrevia artigos esparsos para o *Correio da Manhã*, mas sua colaboração permanente só se deu entre 1921 e 1927. Trata-se de um momento de intensa repressão ao movimento operário, coincidindo praticamente com o longo e intermitente período de estado de sítio iniciado no governo Epitácio Pessoa e restabelecido por Arthur Bernardes. O relacionamento desses governos com a chamada "imprensa independente" foi o pior possível. Periódicos foram censurados, empastelados, tirados de circulação; jornalistas foram presos, ameaçados, espancados. Em 1923, a Lei da Imprensa de autoria do senador Adolfo Gordo teve como objetivo sufocar as vozes dissonantes no jornalismo brasileiro. Diz-se que seu alvo principal era a imprensa proletária, mantida pelos trabalhadores. Mas, certamente, ela atingiu também as vozes críticas e alternativas da grande imprensa. Em 1924, o *Correio da Manhã*, pela oposição que fazia ao governo Arthur Bernardes, teve sua circulação suspensa, acusado de ligações com o movimento tenentista. Seu dono e alguns jornalistas foram presos, entre eles, José Oiticica. No ano seguinte, o jornal voltou a circular, com a colaboração semanal do anarquista, que seria demitido em 1927 devido à ruidosa polêmica com uma autoridade da Igreja.

Pode-se dizer que o traço característico do conjunto dos artigos de José Oiticica no *Correio da Manhã* é a crítica não apenas ao Estado oligárquico, mas ao próprio projeto de hegemonia burguesa do qual, curiosamente, o *Correio* era um dos principais articuladores. Oiticica recusava os paliativos, as soluções de compromisso, a política das concessões em troca do consentimento da dominação. Não se tratava de garantir os direitos dos operários, como propunham os reformistas, nem tampouco de contrapor leis operárias às leis burguesas, como queriam os comunistas, mas de acabar com as leis e suprimir o Estado. A construção de uma nova ordem não se daria pela conquista e transformação das instituições existentes, mas pela sua destruição. O novo surgiria sobre os escombros do velho. Nesse sentido, talvez pudéssemos sugerir que *o anarquismo não é um projeto contra-hegemônico, é um projeto anti-hegemônico*.

Em polêmica com Evaristo de Moraes no *Correio da Manhã*, José Oiticica critica sua crença idealista na reforma das leis e da justiça, segundo o anarquista, nomes diferentes de um mesmo inimigo: a propriedade. Se quisermos resolver o problema da justiça, diz ele, será necessário suprimir a propriedade privada, eliminar as causas para aniquilar o efeito. "Essa é a injustiça fundamental da organização vigente e contra a qual os anarquistas se rebelam, demonstrando que, dessa injustiça, derivam todas as outras injustiças" (2006, p. 33).

> O remédio indicado é cortar do paraíso a árvore nefasta, a propriedade, com seus frutos olorosos vedados aos famintos. [...] Não compreende, não sente o Sr. Evaristo de Moraes que isso de direitos, códigos e processos são indignos da inteligência e do coração dos homens sinceros? (5 de janeiro de 1924)

Ao contrário dos reformistas ou de certa vertente socialista do movimento operário internacional que compreendia as reformas como um passo no caminho da libertação da classe trabalhadora, Oiticica as via como um *aprofundamento* da dominação. Mesmo que protegessem o trabalhador, as leis estariam sempre a serviço da ordem e da conservação do sistema. As leis são "pedaços de liberdade" concedidos aos homens para melhor mantê-los aprisionados; e a democracia, "mais um engodo dos possuidores às massas trabalhadoras" (2006, p. 43). Ao aceitar tais regras do jogo burguês, o socialismo era absorvido pelo capitalismo. Tanto é assim, diz ele, que "os capitalistas, a princípio assustadíssimos com o socialismo, pouco a pouco foram compreendendo o seu nenhum perigo e as vantagens até de sua adoção como engodo aos operários" (2006, p. 85). De modo que é "hoje frequentíssimo ver proprietários, industriais, comerciantes e banqueiros, socialistas apaixonados, amigos extremosos dos *seus* operários" (ibid.), promovendo cooperativas, prometendo-lhes, inclusive, percentagens nos lucros.

> A restrição dos lucros foi uma tangente para iludir, mais uma vez, o trabalhador desentendido nesses meandros da administração burguesa. Longe, pois, de promover a paz entre o trabalho e o capital a coibição dos lucros excessivos atiçara, um bocadinho mais, a fogueira chamejante. É o que se vai dando pelo mundo. A razão disso, fundamental, insofismável, é que a massa humana já não suporta o regime de concorrência a todo transe, fruto mais direto, mais inevitável, da propriedade particular. Isso de leis é para ingênuos verem (5 de novembro de 1921).

Ainda como exemplo da crítica intransigente de Oiticica à estratégia hegemônica de assimilação e esvaziamento dos processos populares de pressão e resistência, é bastante eloquente o artigo em que ele trata da incorporação do protesto do dia 1° de maio pela cultura oficial e sua transformação em folguedo, distração para os empregados, com direito a prêmios e beneficência.

> A data de amanhã é um protesto. Não é, como o supõem muitos, a festa do trabalho. O trabalho vive escravizado e os escravos não costumam festejar sua escravidão. [...] O primeiro de maio é, portanto, um grito subversivo, um clamor de multidão contra as tiranias de toda casta, tzarista ou republicana, jesuítica ou plutocrata. [...] Tendo repercutido fortemente nos quartéis capitalistas essa anual celeuma internacional e temendo os donos do mundo se abrissem rapidamente os olhos dos cegos, cuidaram logo de desvirtuar o sentido desta data e inventaram a festa do trabalho. Mais ainda: fizeram-se patronos dessa festa. E há de ver a sofreguidão de todos eles, cada qual mais empenhado em concorrer para os festejos, com bandeiras, discurseira, charanga e foguetório (30 de abril de 1927).

A título de conclusão, caberia sugerir que, no contexto pré-revolucionário que se instalou após a Primeira Guerra, a atividade de setores da imprensa teve um papel importante na reorganização da cultura dominante, absorvendo e reelaborando as ideologias de contestação, ainda que algumas dentre elas fossem avessas a qualquer forma de absorção. A atividade de José Oiticica no *Correio da Manhã*, por mais radicalmente *anti-hegemônica* que fosse, integrava-se, de alguma forma, ao projeto de hegemonia promovido pelo jornal, legitimando o matutino perante o seu público leitor, as camadas médias urbanas, que assumiam, naquele momento, função política eminente. Oiticica tinha também o seu lugar no mercado, contribuindo para o enorme prestígio do jornal e para a sua ótima tiragem. De resto, a sua presença no diário servia como advertência às próprias elites do que poderia acontecer caso a revolução não fosse feita sem demora, sob o controle das próprias oligarquias.

BIBLIOGRAFIA

ASSOCIAÇÃO BRASILEIRA DE IMPRENSA. Centro de Pesquisa e Memória do Jornalismo Brasileiro. *A imprensa na década de 20*. Rio de Janeiro, 1980.

BANDEIRA, Luiz Alberto Moniz. *O ano vermelho: a Revolução Russa e seus reflexos no Brasil*. São Paulo: Expressão Popular, 2004.

BARRETO, Lima. *Prosa seleta*. Rio de Janeiro: Nova Aguilar, 2001.

BORGES, Vera Bogéa. *Morte na República: os últimos anos de Pinheiro Machado e a política oligárquica (1905-1915)*. Rio de Janeiro: IHGB, Livre Expressão, 2004.

CHALHOUB, Sidney. *Trabalho, lar e botequim: o cotidiano dos trabalhadores no Rio de Janeiro da Belle Époque*. São Paulo: Brasiliense, 1986.

COUTINHO, Eduardo G. *Os cronistas de Momo: imprensa e carnaval na Primeira República*. Rio de Janeiro: Editora UFRJ, 2006.

______. "Processos contra-hegemônicos na imprensa carioca (1889-1930)". In: ______ (Org.) *Comunicação e contra-hegemonia: processos culturais e comunicacionais de contestação, pressão e resistência*. Rio de Janeiro: Editora UFRJ, 2008.

EDMUNDO, Luís. *O Rio de Janeiro do meu tempo*. Brasília: Senado Federal, 2003.

KAREPOVS, Dainis. *A esquerda e o parlamento no Brasil: o Bloco Operário Camponês (1924-1930)*. 2001. Tese (Doutorado em História). Programa de Pós-Graduação em História Social, Universidade de São Paulo, São Paulo, 2001 (mimeo).

LENIN, Vladmir I. *El imperialismo: fase superior del capitalismo*. Moscou: Editorial Progresso, 1981.

OITICICA, José. *A doutrina anarquista ao alcance de todos*. 5. ed. Rio de Janeiro: Achiamé, 2006.

OLIVEIRA, Francisco de. "A emergência do modo de produção de mercadorias: uma interpretação teórica da economia da República Velha no Brasil". In: FAUSTO, Boris (Org.) *História geral da civilização brasileira*. 8. ed. Rio de Janeiro: Bertrand Brasil, 2006, O Brasil republicano, v. 8.

SINGER, Paul. "O Brasil no contexto do capitalismo internacional (1889-1930)". In: FAUSTO, Boris (Org.) *História geral da civilização brasileira*. 8. ed. Rio de Janeiro: Bertrand Brasil, 2006, O Brasil republicano, v. 8.

SOUZA, Angelita Matos. *Estado e dependência no Brasil (1889-1930)*. São Paulo: Annablume, 2002.

SODRÉ, Nelson Werneck. *História da imprensa no Brasil*. 3. ed. São Paulo: Martins Fontes, 1983.

FONTES

CHATEAUBRIAND, Assis. "Jacobinismo econômico", *Correio da Manhã*, 9 de março de 1922.

MORAES, Evaristo de. "A organização operária e a legislação social", *Correio da Manhã*, 5 de junho de 1925.

______. "Um fermento de revolução", *Correio da Manhã*, 10 de janeiro de 1924.

OITICICA, José. "Em Washington", *Correio da Manhã*, 7 de janeiro de 1922.

______. "Bancos", *Correio da Manhã*, 11 de fevereiro de 1922.

______. "Oito horas", *Correio da Manhã*, 25 de março de 1922.

______. "Tramando", *Correio da Manhã*, 24 de dezembro de 1921.

______. "Justiça?", *Correio da Manhã*, 5 de janeiro de 1924.

______. "O remédio", *Correio da Manhã*, 5 de novembro de 1921.

______. "Primeiro de maio", *Correio da Manhã*, 30 de abril de 1927.

VELOSO, Leão. "Soberania e Congresso", *Correio da Manhã*, 3 de abril de 1922.

NOTA BIBLIOGRÁFICA

Com exceção dos ensaios inéditos "Muniz Sodré: alegria, hegemonia e Arkhé", "Cambalache: o colapso da civilização burguesa" e "Ecos do Golpe no mundo da cultura", os demais ensaios reunidos neste livro foram publicados pela primeira vez nos seguintes locais:

"Gramsci: a comunicação como política". In: COUTINHO, Eduardo Granja; FREIRE FILHO, João; PAIVA, Raquel. (Orgs.). *Mídia e poder: ideologia, discurso e subjetividade*. Rio de Janeiro: Mauad X, 2008.

"A comunicação do oprimido: malandragem, marginalidade e contra-hegemonia". In: PAIVA, Raquel; SANTOS, Cristiano Henrique Ribeiro dos (Orgs.). *Comunidade e contra-hegemonia: rotas de comunicação alternativa*. Rio de Janeiro: Mauad X, 2008.

"Hegemonia e linguagem: clichês midiáticos e filosofia das massas". *Trajectos: Revista de Comunicação, Cultura e Educação*, Lisboa, Instituto Universitário de Lisboa, n. 18, primavera de 2011.

"Carlos Nelson Coutinho e a questão cultural no Brasil". In: BRAZ, Marcelo (Org.). *Carlos Nelson Coutinho e a renovação do marxismo no Brasil*. São Paulo: Expressão Popular, 2012.

"Contrarrevolução impressa: jornalismo, reificação e hegemonia". In: COUTINHO, Eduardo Granja; GONÇALVES, Márcio Souza (Orgs.). *Letra impressa: comunicação, cultura e sociedade*. Porto Alegre: Sulina, 2009.

"A ideologia da imparcialidade: considerações sobre o governo Chaves e a liberdade de expressão". *Adufrj: Jornal da Seção Sindical dos Docentes da UFRJ*, Rio de Janeiro, 12 jul. 2007.

"Processos contra-hegemônicos na imprensa carioca (1989-1930)". COUTINHO, Eduardo Granja (Org.). *Comunicação e contra-hegemonia: processos culturais e comunicacionais de contestação, pressão e resistência*. Rio de Janeiro: Editora UFRJ, 2008.

"Imprensa e hegemonia na Primeira República: o contraponto dissonante de José Oiticica". In: GOULART, Ana Paula; HERSCHMANN, Michael (Orgs.). *Comunicação e história: interfaces e novas abordagens*. Rio de Janeiro: Mauad X, 2008.

1ª EDIÇÃO | JULHO 2014
IMPRESSÃO | COLORSET
PAPEL CAPA | CARTÃO SUPREMO 300G/M^2
PAPEL MIOLO | PÓLEN SOFT 80G/M^2
TIPOGRAFIA | TYPESTAR E DANTE